ICONIC

LA MODE INCARNÉE

Créé par Copyright Éditions
104, boulevard Arago
75014 Paris – France

Concept original : Marçais&Marchand
Directrice éditoriale : Laura Stioui
Éditrice : Sara Quémener
Assistante d'édition : Claudie Souchet
Directrice artistique : Marina Delranc
Conception graphique : Marion Alfano
Mise en pages : Aurélie Lequeux
Correction : Emmanuelle Dunoyer et Sandrine Harbonnier
Photogravure : Peggy Huynh-Quan-Suu
Fabrication : Stéphanie Parlange et Cédric Delsart

Connectez-vous sur www.editionsdelamartiniere.fr
ISBN : 978-2-7324-5652-2

SANDRINE LAJUS
RAPHAËLLE ORSINI

ICONIC

LA MODE INCARNÉE

Éditions
de La Martinière

ELEGANCE

INIMITABLES

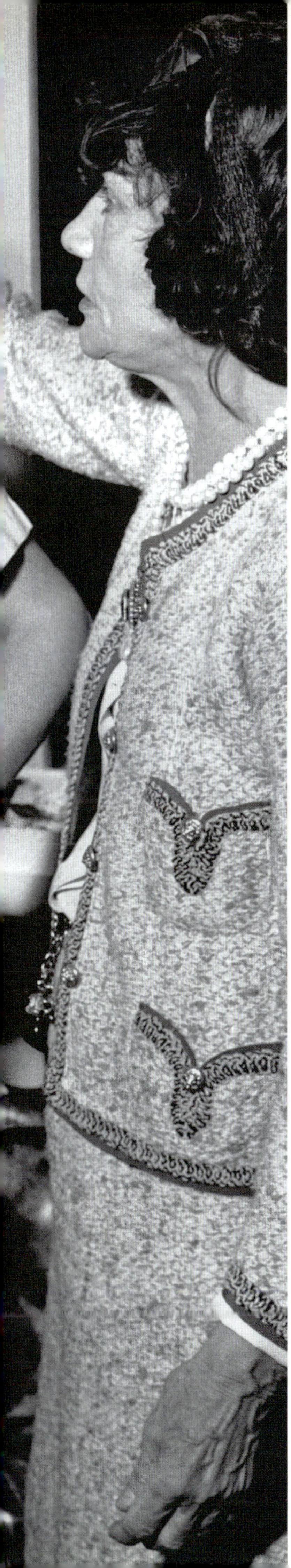

« LA MODE N'EST PAS QUELQUE CHOSE QUI EXISTE UNIQUEMENT DANS LES VÊTEMENTS. LA MODE EST DANS L'AIR, PORTÉE PAR LE VENT. »

Coco Chanel

LA MODE
CORPS ET AME

« Les robes doivent avoir une âme » disait Christian Dior, relevant ainsi l'inexorable lien qui unit le vêtement à l'être humain. Une âme, c'est une aura, une force supérieure ; c'est le temps qui se suspend. C'est un esprit mais – surtout – c'est un corps, qui vit, pense, s'anime. Bref, pour qu'elles aient une âme, les robes doivent être portées. Car le tissu, pour devenir vêtement, a besoin de matière. Un supplément incarné par toutes ces silhouettes, éternelles, qui ont fait, et font encore aujourd'hui, la mode. Lorsqu'on pense à Bardot, on pense à sa chevelure blonde, son regard lascif, sa moue boudeuse. Son irrésistible charme. Mais, très vite, on voit sa petite robe vichy, son pantalon capri, ses ballerines de jeune fille, son panier en osier qui danse au bout de son bras bronzé. Même constat avec Marilyn, la plus incendiaire des blondes hollywoodiennes. Son visage, sa bouche rouge, sa mouche savamment placée, son corps sublimé par cette espiègle robe blanche se sont imprimés à jamais dans nos mémoires. Et les exemples sont légion. Serge Gainsbourg ne nous apparaît qu'en Zizi Repetto, Marlène n'est vraiment Dietrich qu'en costume d'homme, Ursula Andress sera à jamais cette naïade en Bikini blanc et Pharrell Williams est indiscutablement entré au Panthéon des hommes à chapeaux.

Acteurs, chanteurs, créateurs, nobles de sang ou de cœur : tous ont un rapport particulier, quasi charnel, à l'allure, au style, à la mode. Ils ont fait de certaines pièces leur fétiche, leur traçant, parfois malgré eux, un destin unique. Ils se sont créé des uniformes ou, au contraire, ont cherché à s'en libérer, ont marqué de leur empreinte une époque ou une génération. Ils ont suivi les tendances ou les ont inventées. Et puis, il y a ceux, inclassables, qui ont fait de leur dégaine un moyen d'expression. La mode comme langage. Le point commun de ces icônes modernes ? Une image de star, associée pour toujours à un ou des vêtements. Ces célébrités sont pour leurs pairs des points de repère. Glamour, elles nous font rêver ; rock, elles nous électrisent ; sexy, elles nous chamboulent ; excentriques, elles nous bousculent. Et laissent derrière elles une trace indélébile. Celle d'un instinct mode plus fort et plus pérenne, qui nous inspire. En regardant la mode par le prisme de ces icônes, chacun construit sa propre définition du style. En donnant une âme à leurs vêtements, ces stars ont écrit une légende plus sensuelle. Une mode incarnée.

MARILYN MONROE

SOPHIA LOREN

MAE WEST

RITA HAYWORTH

AVA GARDNER

KATE MOSS

VICTORIA BECKHAM

LAUREN BACALL

CARMEN MIRANDA

CATHERINE DENEUVE

SHARON STONE

CARY GRANT

TWIGGY

URSULA ANDRESS

SEAN CONNERY

BRIGITTE BARDOT

BETTE DAVIS

JANE FONDA

Glamour

D'eux, on retient une dégaine incendiaire, un sex-appeal inexplicable, une sensualité à toute épreuve. On retient un style tantôt provocant, tantôt faussement naïf qui, parfois à contre-courant, insuffle un vent de sexy dans une époque encore pudique. On retient un corps, une démarche, parfois même quelques pas de danse. On retient enfin ces vêtements, envoûtants, qui agissent comme des signes. Les signes d'une liberté trouvée ou retrouvée, d'une approche de la mode charnelle et instinctive, d'une envie d'être soi, entièrement. Brigitte Bardot, Ursula Andress, Cary Grant ou Ryan Gosling, leur allure déclenche, sans aucun doute, quelque chose de l'ordre du désir. Glamour à mort !

MARILYN MONROE
LA « ROBE MÉTRO »

SENSUALITÉ ÉTUDIÉE
Le dos et les épaules sont nus, mais la jupe de crêpe plissé descend jusqu'au genou : Travilla imagine un objet qui éveille le désir.

UN COSTUMIER PROLIFIQUE
William Travilla, le créateur de la robe métro, a réalisé des costumes pour Marilyn dans huit autres de ses films.

Manhattan, 15 septembre 1954, vers 1 heure du matin. Marilyn longe Lexington Avenue aux côtés de Tom Ewell puis s'immobilise sur une grille de métro. Au passage d'une rame, sa robe se soulève, dévoilant ses superbes gambettes. *« Oh, isn't it delicious ? »* s'exclame l'actrice tout en essayant de rabattre sa robe… La scène culte de *Sept Ans de réflexion* est rejouée quatorze fois, devant les yeux éblouis des photographes et des passants. Marilyn provoque d'ailleurs une telle émeute qu'aucun essai n'est exploitable : les cris du public parasitent tout. Billy Wilder n'aura d'autre choix que de retourner la scène en studio. Si la scène du film est relativement pudique, il en va tout autrement des clichés, délicieusement osés, pris sur l'avenue new-yorkaise. S'affichant à la une des magazines, ils choquent la frange puritaine de l'Amérique. Peu importe pour l'actrice, qui a déjà posé nue pour *Playboy* et n'en est plus à un scandale près. Mais ils heurtent aussi son époux, la star du base-ball Joe DiMaggio, qui juge Marilyn outrageusement exhibitionniste sur les photos. Leur divorce intervient peu après. La rumeur dit que « l'affaire de la robe » aurait déclenché leur rupture.

La légende naquit grâce à la magie de la scène ; le courant d'air, le tissu aérien de la robe et le regard amusé de Billy Wilder en sont les ingrédients.

Dans la vie comme à l'écran, l'égérie du septième art suscite la fascination.

Un style inoubliable

MARILYN MONROE EN 3 STYLES

Pin up

Maillot de bain taille haute, soutien-gorge push-up, jupe crayon et lunettes papillon, Marilyn Monroe est le symbole même de la pin-up des fifties. Une image qu'elle entretient avec sa chevelure blonde et son sourire éclatant.

Femme fatale

Le sex-appeal est son incontestable atout charme. Marilyn maîtrise la panoplie du sex-symbol avec précision. Décolletés avantageux, taille marquée, jambes nues, vêtements moulants, robes longues, poitrine galbée et hanches gainées, Marilyn est une femme résolument pou-pou-pidou.

Cool

Marilyn, c'est aussi un style casual *made in USA* parfaitement abouti. Dans *Les Désaxés*, elle met à l'honneur le jean qu'elle adore, accompagné de santiags et d'une chemise blanche. Elle est alors désarmante de naturel, quasiment une *girl next door*.

Devenue inséparable de l'image de Marilyn Monroe, la fameuse robe ivoire en crêpe plissé s'est imposée comme la robe la plus célèbre du septième art. Dos nu, cintrée à la taille et présentant un profond décolleté en V, elle met parfaitement en valeur les formes généreuses de la star. Elle est l'œuvre du célèbre William Travilla, oscarisé en 1948 pour les costumes des *Aventures de Don Juan*, de Vincent Sherman. L'actrice et collectionneuse Debbie Reynolds a longtemps eu en sa possession la « robe métro ». En 2011, elle a décidé de vendre aux enchères ses quelque 600 costumes et accessoires de films. Pièce maîtresse de la collection, la robe de Marilyn s'est envolée à 4,6 millions de dollars.

Une garde-robe incendiaire

Faire de la robe blanche le principal fait d'armes de Marilyn Monroe en matière de mode ne serait pas rendre hommage à son impressionnante garde-robe. Les formes généreuses, la petite taille et la silhouette chaloupée de l'actrice lui permettent des tenues toutes plus sexy les unes que les autres. Elle est donc familière des décolletés plongeants, des souliers à talons et des robes très, très près du corps. Le modèle à sequins, devenu culte, qu'elle porte pour l'anniversaire du président Kennedy est carrément cousu sur elle, de sorte qu'il lui est impossible de l'enlever sans le déchirer. Figure emblématique de la pin-up des années 1950, Marylin porte également le Bikini taille haute et le soutien-gorge push-up qui inspirera plus tard Jean Paul Gaultier. Marilyn, véritable précurseur sensuel. Pourtant, Marilyn, c'est aussi un look décontracté chic, avec lequel elle continue de fasciner. Elle adopte en particulier le pull à col roulé, noir ou bleu foncé, qu'elle assortit à un pantalon, ample ou ajusté, en toute simplicité. Elle n'a pas besoin de se dévoiler pour afficher une sensualité hors normes ; tantôt en tailleur jupe très sage, ou en jean et tennis, dans un look plus décalé mais toujours étudié, elle fait vivre la mode avec un naturel désarmant.

« J'aime être vraiment habillée, ou pas du tout. L'entre-deux ne m'intéresse pas. »

Marilyn Monroe

Les dessous féminins

AMBASSADEURS DE CHARME

« LE PARFUM, COMME LA LINGERIE, EST UN ÉLÉMENT DE SÉDUCTION MAIS ON DOIT LE PORTER AVANT TOUT POUR SOI-MÊME. »

Chantal Thomass

Page précédente : une scène de strip-tease mythique dans *Hier, aujourd'hui et demain* où Sophia Loren envoûte Mastroianni. Guêpière, porte-jarretelles et bas résille, des armes de séduction massive !

ALTER ÉGAUX

•

Avec l'arrivée des féministes, qui défilent en proclamant que leur corps leur appartient, sous-vêtements et bas de soie sont relégués au fin fond des penderies. La lingerie devient minimaliste et trouve refuge dans l'érotisme des magazines masculins et des sex-shops, voire du grand écran, qui projette en 1974 une *Emmanuelle* très dévêtue.

Ces dessous ne vont pas rester éternellement au secret. Christian Dior l'affirmait à l'époque : « Pas de mode sans sous-vêtements. » Ce qui n'est pas tombé dans l'oreille d'un sourd mais dans celle d'une femme, Chantal Thomass. Elle réhabilite la guêpière et tout le cortège des dessous féminins en les taillant dans de belles matières et en leur redonnant toute leur légitimité.

DÉLICATE SENSUALITÉ
Soutien-gorge, string et porte-jarretelles composent cet ensemble signé Chantal Thomass, créatrice d'une lingerie espiègle et raffinée ! Le symbole d'une féminité assurée et assumée...

MAE WEST
SOPHIA LOREN
RITA HAYWORTH
MARILYN MONROE
AVA GARDNER

Si l'éternel féminin passe souvent par ses dessous, l'éternel féministe, lui, les a balancés par-dessus les barricades ! Invoquant l'exploitation du corps de la femme quand on le dévoile, alors que, curieusement, dans les années 1930 ou 1960, s'afficher toute lingerie dehors était un signe de liberté... Le cinéma est très certainement la plus belle des vitrines et la ligne droite la plus efficace pour exposer porte-jarretelles, guêpières ou autres soutiens-gorge à la lumière.

Symboles de séduction

Après la Seconde Guerre mondiale, on libère les corps de leurs corsets rigides grâce à la fameuse guêpière, qui devient la reine de la fête. Avec l'avancée de l'industrie du textile et du Nylon, une lingerie plus légère apparaît – aidée par Rita Hayworth, Marilyn ou Ava Gardner, qui prennent volontiers la pose. Christian Dior et son new-look enfoncent le clou en 1947. Les silhouettes sont raffinées. Les femmes peuvent plonger avec délices dans des dessous frivoles, symboles de la sensualité par excellence.

Une guêpière nommée désir

Personne n'a oublié le porte-jarretelles noir de Sophia Loren, dans le film *Hier, aujourd'hui et demain*, qui fit tourner bien des têtes, ni le strip-tease envoûtant qu'elle destinait à son partenaire Marcello Mastroianni. Avec ses formes voluptueuses, la comédienne imposa la guêpière. Qui n'en était pas une. En réalité, la parure est composée de cinq pièces (soutien-gorge à balconnet, slip taille basse, porte-jarretelles, bas, corset souple et long). Mais la légende était écrite, même si elle n'était pas signée par un grand couturier. En effet, c'est le costumier du film, Piero Tosi, qui imagina cette parure spécialement pour l'actrice italienne, laquelle défraya souvent la chronique en exhibant un corps sublime et un esprit libre. Pourtant, cette guêpière venait de bien plus loin. D'Hollywood et des années 1950. De Marcel Rochas qui, inspiré par sa rencontre en 1934 avec Mae West, réexploita sa passion de la dentelle pour créer, en 1947, la guêpière.

Sur le podium

En remontant sur le podium, la lingerie féminine a attiré les people, qui en sont devenus des ambassadeurs de charme. À la ville comme à l'écran. La nuisette noire de Kate Moss ou de Victoria Beckham, devenue incontournable, est digne des marches du festival de Cannes quand le body en satin recouvert d'un long déshabillé de Rihanna se porte dans les soirées mondaines. Preuve, s'il en est encore besoin, de ce retour en force : le succès planétaire de la marque américaine Victoria Secret. Aujourd'hui, la lingerie, c'est tendance...

RITA HAYWORTH
LES GANTS NOIRS

DOUX COMME DU SATIN
La matière satinée permet au gant de glisser plus facilement le long du bras de l'actrice pour un effeuillage tout en douceur.

UN CONTRASTE ÉTUDIÉ
La couleur sombre des gants renforcée par le noir et blanc de la pellicule apporte mystère et audace à un accessoire un peu précieux.

Une scène d'anthologie va, encore une fois, définitivement lier une actrice à un accessoire de mode. 1946, le monde se réveille. La Seconde Guerre mondiale a secoué les esprits et, si la victoire alliée a propagé un vent d'euphorie au sein de la société américaine, celle-ci n'en reste pas moins traumatisée. L'industrie du cinéma va s'occuper de la divertir, notamment en mettant en scène de très belles actrices qui forgeront ce mythe insaisissable de la femme fatale. Gilda, personnage mystérieux au cœur d'un triangle amoureux, en est le parfait exemple. Elle est belle, elle est rousse, elle est glamour et elle se déhanche avec passion. Une scène du film en particulier entre dans les annales du cinéma – et dans celles de la mode. Rita Hayworth entame son fameux *Put the Blame on Mame* dans une longue robe fourreau bustier serrée à la taille, absolument divine, et donne un aperçu de la force visuelle du dressing des années 1940. Mais ce qui fait l'indiscutable charme de cette tenue, c'est sans aucun doute la paire de gants longs en soie noire que porte l'actrice. En susurrant la chanson et en esquissant quelques pas de danse, Gilda retire un de ses gants. La foule de messieurs devant laquelle elle se produit en perd la raison. Gilda joue et Gilda se joue de cette gent masculine si prompte à réagir à ce qu'on appellera par la suite avec un peu trop d'emphase une séance de strip-tease. Reste que l'image s'est imprimée dans la conscience collective. Un gant qui lentement a glissé de son bras a fait de Rita Hayworth une femme fatale que l'on ne tarde pas à surnommer « la déesse de l'amour ».

Rita Hayworth, « déesse de l'amour », confiera pourtant avec nostalgie que les hommes qu'elle avait connus avaient passé la nuit avec Gilda et n'avaient fait que se réveiller avec elle.

La chaussure au féminin

HAUT PERCHÉE

« DONNE À UNE FILLE LES BONNES CHAUSSURES ET ELLE PEUT CONQUÉRIR LE MONDE. »

Marilyn Monroe

Page précédente : le célèbre talon virgule de Roger Vivier, qu'il a d'abord imaginé pour la maison Dior, termine la chaussure avec originalité, audace et raffinement.

TALON VERTIGINEUX

Dressées sur des talons aiguilles, les femmes sont fatales et toutes puissantes. Mais ne marche pas en talons de 12 qui veut ! Au-delà des 8 centimètres, difficile de faire un pas sans la maîtrise de Sharon Stone…

SÉDUCTION ET POUVOIR

Finalement, les femmes n'auraient-elles pas choisi, elles-mêmes, d'être schizophrènes ? En talons plats pour des raisons essentiellement pratiques. En talons hauts quand la situation l'exige. La séduction n'est plus un handicap, elle est un atout, une carte maîtresse dans un jeu dont les règles ont changé. La *working girl* a conquis son espace professionnel. Sans renoncer à sa féminité. Fini la femme-objet parce qu'elle est haut perchée. Place à celle qui choisit ses armes. Le talon est symbole de pouvoir. Autre temps, autres mœurs… Si Catherine Deneuve faisait rêver en mocassins dans *Belle de jour*, Sharon Stone dans *Basic Instinct* jouait sur nos nerfs et nos émotions, en talons aiguilles. Un partout, aujourd'hui. Match nul et la balle au centre des débats qui ne manqueront certainement pas de refaire surface un jour ou l'autre. En attendant, on a le droit de plaire et de se plaire en stilettos ou en Repetto…

LAUREN BACALL CARMEN MIRANDA CATHERINE DENEUVE SHARON STONE

Pour vivre heureuses, vivons perchées ? Pas si sûr... Si le talon aiguille est aujourd'hui un signe de féminité absolue et la semelle compensée celui des fashion victims, à une époque pas si lointaine, ils étaient classés X... ou presque ! Alors que le talon plat, lui, coulait des jours paisibles dans le dressing de la femme parfaite. Lauren Bacall n'a pas eu besoin de 10 centimètres supplémentaires pour séduire Humphrey Bogart dans *Le Port de l'angoisse*, le film culte qui les rapprocha, définitivement. Ces feux de l'amour n'avaient rien d'un feu de paille. Elle restera sa femme jusqu'à la mort du géant hollywoodien, avec qui elle formait un couple modèle.

Élégance suprême

À la ville comme à l'écran, la star américaine baladait sa silhouette longiligne en pantalon d'homme et souliers plats ! Image de l'élégance suprême et éternelle, la reine Bacall en fit un style copié à l'infini qui, finalement, épousait les canons de l'époque, et les siens. Mais The Look – comme on la surnomma très vite à cause de son fascinant regard – s'affirma aussi en escarpins. Ce qui permit aux femmes de marcher plus vite. Et de grimper plus haut !

Bombe latine

Les talons aiguilles et les semelles compensées, eux, ont longtemps été réservés aux garces, aux femmes de mauvaise vie, aux prostituées. Les textes de Zola, Proust ou Renoir en sont l'illustration parfaite. Les cocottes et les danseuses, on les aime quand elles prennent de la hauteur ! Carmen Miranda, elle, va les remettre sur le devant de la scène. Arrivée du Brésil, l'excentrique bomba latina est étroitement liée, depuis les années 1930, à la samba et aux semelles compensées... et fit de ses chansons exotiques et de son style très personnel un must, applaudi par le Tout-New York.

L'ancêtre du stiletto

C'est très certainement le créateur Roger Vivier qui a engendré la « femme bipolaire ». En semant la zizanie dans les codes établis, il divisa pour mieux régner ! Si ses mocassins à large boucle contribuèrent à sa gloire, ses chaussures à semelles compensées ont, dès les années 1930, créé la panique à bord. Soufflant le chaud et le froid, jusqu'à nos jours, sur la femme désireuse de renouer avec sa féminité après être tombée dans les bras du féminisme. Il est vrai qu'avec quelques centimètres de plus, on devient rapidement une femme fatale...

CARY GRANT

LE COSTUME TROIS-PIÈCES

UN COSTARD SUR MESURE
La veste sobre et élégante est un must de la garde-robe de Cary Grant. L'acteur et sa panoplie de sex-symbol ont laissé une trace indélébile dans les collections masculines.

L'homme a longtemps baladé sa silhouette impeccable sur l'écran noir de nos nuits blanches. Nous faisant fantasmer avec cet air de ceux qui n'ont plus rien à prouver à personne. Affichant dans son costume trois-pièces son insolente virilité, Cary Grant est le sex-symbol que l'Amérique s'arrachait et à qui elle rêve encore. Son sourire ravageur fit tomber les femmes qu'il croisait. Et celles qu'il ne croisait pas. Il avait tout pour lui, l'amour, la gloire, la beauté. Et ce petit supplément d'âme qui le fit très rapidement atteindre la première marche du podium hollywoodien pour ne jamais en redescendre, imposant son élégance et son sex-appeal comme une marque de fabrique.

Sur mesure

Réputé pour son humour et sa fantaisie, l'homme le plus sexy de la planète n'a jamais eu non plus peur du ridicule. S'il traverse la vie en costume trois-pièces, rayé ou uni, qui semble avoir été créé sur mesure uniquement pour lui, il n'a jamais refusé de tourner en complet de tweed ou en petit déshabillé à fourrure. Ni dans un uniforme quand le film l'exigeait – mais le prestige qui va avec plaît aux femmes. Son irrésistible classe tourne à l'obsession. Ian Fleming s'inspire de son physique et de son look pour le célébrissime James Bond. Grant, lui, refusera le rôle, se jugeant, à 58 ans, trop vieux. Trop vieux ? Impossible, monsieur Bébé ! De l'au-delà où il est parti séduire les anges en 1986, sa magie agit encore...

La Mort aux trousses, *Arsenic et Vieilles Dentelles*, *L'Impossible Monsieur Bébé*... Tout au long de sa carrière, et même après, Grant a incarné l'élégance.

LA PRESTANCE DE GRANT
Ici dans *Indiscret* de Stanley Donen, l'acteur inspira à Ian Fleming les traits de James Bond.

UN SÉDUCTEUR NÉ !
Il a un sourire ravageur, ce diable d'homme qui porte un smoking avec une décontraction très hollywoodienne.

IMPECCABLE
Du nœud papillon à la pointe de ses chaussures lustrées, Monsieur Grant incarne la classe. Jalousé mais jamais égalé !

Figure de style

Le grand brun au regard profond fut l'acteur fétiche d'Alfred Hitchcock, qui le dirigea dans *La Mort aux trousses*, *La Main au collet* ou encore *Soupçons*. Le réalisateur, connu pour préférer les blondes un peu froides, avoua cependant que « Cary Grant était le seul acteur qu'il ait aimé de toute sa vie ». Si son charisme et son immense talent étaient encore à démontrer, c'est fait. Pourtant, aucune fée ne s'est penchée sur le berceau du petit Archibald Alexander Leach. À Bristol, où il est né, elles ont botté en touche, lui laissant comme seul bagage un père alcoolique qui le séparera de sa mère en prétendant qu'elle était morte. En devenant Cary Grant, quelques années plus tard, Archie prend sa revanche sur ce début de vie difficile.

Une indépendance redoutable

Son truc, ce sont les femmes. Du moins l'a-t-on toujours cru. Marié cinq fois, Cary Grant est un séducteur invétéré qui fonctionne au gré d'une indépendance redoutable. Côté cour et côté jardin. Plus complexe qu'un vulgaire play-boy, le dandy trouve les clés d'un système qu'il va rejeter. En quittant les studios, qui décident de la carrière de leurs poulains, il est le premier acteur indépendant du cinéma américain et fonde sa propre boîte de production, libre de prendre des engagements. Ou pas.

Si ses vestes amples, les chemises blanches qu'il affectionne et les cravates unies à nœud simple correspondent au dress code de l'époque, son style de vie laisse derrière lui un parfum sulfureux. Dans l'Amérique puritaine des fifties, Grant fait scandale avec sa supposée homosexualité. On ne prête qu'aux riches ! Là, le crédit est illimité. En partageant pendant une douzaine d'années plusieurs maisons avec Randolph, un acteur de western, et une amitié qui dura toute leur vie, Grant n'a jamais pu empêcher les rumeurs de circuler. Le chercha-t-il vraiment ? Même pas. Se situant toujours au-dessus de la mêlée qui ne le concernait pas. Cette combinaison gagnante de chic et de virilité conduira le pauvre petit garçon de Bristol à finir ses jours luxueusement entre un manoir discret, un jet privé ou les coussins d'une Rolls-Royce immatriculée « CG1 ». Chapeau, l'artiste...

CARY GRANT EN 3 ALLURES

1938

L'acteur porte un costume de tweed dans *L'Impossible Monsieur Bébé*.

1955

Le séducteur débarque en smoking et nœud papillon dans *La Main au collet*.

1959

L'élégant dandy s'affiche en prince-de-galles gris et bleu dans *La Mort aux trousses*.

« Il était de si loin le meilleur qu'aucun ne peut se comparer à lui. »

Howard Hawks

TWIGGY
LA MINIJUPE

MINIMUM VITAL
Elle obéit à des règles mathématiques strictes. La minijupe, même si elle est devenue trapèze, ne doit pas excéder 10 centimètres sous les fesses.

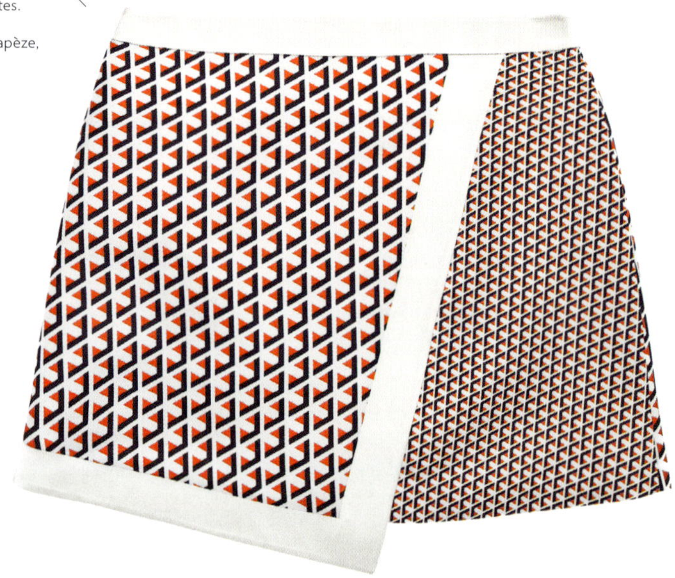

Figure incontestable de l'émancipation féminine, la minijupe a fait bien des vagues avant de jouer dans la cour des grands. Dans certains pays, comme les Pays-Bas, elle fut même interdite, jugée beaucoup trop provocante. C'était sans compter sur la persévérance de celles qui voulaient montrer leurs jambes et de la styliste Mary Quant, qui l'imagina. Et l'imposa. Elle est née en Angleterre dans les années 1960, cette jupe délicieusement et vertigineusement raccourcie. Très exactement dans une boutique de King's Road, à Londres. Son instigatrice est alors une jeune styliste qui a créé ce modèle pour elle-même et ses amies. Le « rase-pet » va sortir rapidement de sa clandestinité et faire un tabac. Son style correspond au look des jeunes Britanniques de l'après-guerre et devient le symbole du Swinging London.

Une appellation contrôlée

La jeune top-modèle anglaise Twiggy terminera le job en baladant sa silhouette androgyne moulée dans ce petit bout de tissu dont la longueur ne doit pas excéder 10 centimètres sous les fesses. La jupette devient une appellation contrôlée avec ses codes. Il faut reconnaître qu'avec son physique atypique, la « brindille » est faite pour le modèle révolutionnaire de Mary Quant. Image de la jeunesse des années 1960, icône de la mode, photographiée par les noms les plus prestigieux, Twiggy est branchée. La minijupe également. Elle est lancée. En France, c'est André Courrèges qui, fasciné par le phénomène, sera le premier à en faire la pièce phare de sa collection printemps-été 1965, en modifiant un peu les règles. La minijupe droite devient une jupe trapèze. Et n'a jamais cessé depuis ces années-là de répondre présente dans les dressings des fashion victims.

Avec Twiggy, la minijupe a trouvé son souffle. Celui de la liberté ! De la provocation, diront certains, avant d'en faire une pièce incontournable de leur dressing.

URSULA ANDRESS

LE BIKINI BLANC

BLANC IVOIRE
La couleur contraste joliment avec la carnation hâlée d'Ursula Andress et produit un effet visuel certain. James porte du bleu pastel qui se confond avec la mer ; le spectateur n'a donc d'yeux que pour Honey.

LE CEINTURON
Il a été conçu à partir d'un ceinturon de l'armée britannique comportant une sangle, des raccords en laiton et un fourreau.

SIXTIES
La coupe est typique des Bikini des années 1960. Une culotte basse mais couvrante et un soutien-gorge à bretelles. Le petit nœud est sans aucun doute la touche féminine du modèle.

En 1962, la saga *James Bond* débute avec fracas au cinéma. Premier livre de Ian Fleming adapté au grand écran et premier choc visuel. Sean Connery embarque Ursula Andress, alias Honey Ryder, dans des aventures jamaïcaines contre ce diable de Dr No, ce qui donne lieu à une scène de plage mythique. En chantonnant *Underneath the Mango Tree*, un coquillage dans chaque main, l'actrice sort des eaux turquoise des Caraïbes dans un Bikini ivoire telle une Vénus moderne et provoque un véritable tsunami érotique. Les années 1960 s'encanaillent avec bonheur. Le maillot de bain est simple mais efficace. Un petit nœud sur le soutien-gorge pour le charme et une culotte à ceinturon permettant d'y glisser un long couteau sur le côté gauche. Honey Ryder est une aventurière et dégaine sa lame plus vite que son ombre. James est sous le charme, le reste du monde aussi. La légende veut qu'Ursula Andress elle-même ait aidé la costumière à concevoir le maillot pour qu'il colle parfaitement à ses mensurations parfaites, 91-61-91. L'actrice admettra qu'elle doit sa carrière à ce deux-pièces blanc rebaptisé « Bikini Dr No ». Depuis, la saga *James Bond* rend régulièrement hommage à cette scène culte. Dans *Meurs un autre jour* et pour le 40ᵉ anniversaire des aventures de 007, Halle Berry reproduit la scène de la naïade dans un Bikini orange. C'est alors Pierce Brosnan qui ne s'en remet pas. Dans un genre plus viril, Daniel Craig offre une jolie sortie des eaux dans *Casino Royale*. Quant au Bikini Dr No, le plus connu de toute l'histoire du cinéma, il s'est vendu chez Christie's lors d'une vente aux enchères pour plus de 35 000 livres sterling. Ursula Andress l'avait retrouvé au fin fond de son grenier…

Ursula Andress, telle Vénus sortant des eaux, forge le mythe de la James Bond girl. Sexy, rebelle, farouche et téméraire.

La cuissarde

ENTRE CHIC ET AUDACE

« JUSQU'EN HAUT
DES CUISSES, ELLE
EST BOTTÉE. ET C'EST
COMME UN CALICE
À SA BEAUTÉ. »

Serge Gainsbourg dans *Initials B.B.*

Page précédente : Brigitte Bardot est la digne ambassadrice de la génération cuissarde. Elle la porte avec aplomb et malice. Irrésistiblement.

FAUT QUE ÇA BRILLE !
Immortalisée par *Pretty Woman*, la cuissarde que l'on garde à l'esprit est noire et en cuir brillant. Son talon vertigineux la rend résolument sexy, voire provocante. D'aucuns diront vulgaire.

Dans *Barbarella*, Jane Fonda ne quitte pas ses cuissardes bicolores. Le modèle est pop, la dégaine un brin futuriste mais toujours sexy.

LES SIXTIES, L'HEURE DE GLOIRE

Si l'actrice américaine Bette Davis la porte dès les années 1930 pour parfaire son look de chasseuse, ce sont les sixties qui vont offrir à la cuissarde son heure de gloire. Brigitte Bardot dans le Scopitone de *Harley Davidson* et de *Comic Strip*, Jane Birkin, Jane Fonda dans *Barbarella*, Sylvie Vartan et les yé-yé de tous bords l'adoptent. Révolution sexuelle oblige, on l'associe à une minijupe mais on ne la choisit pas forcément à haut talon. Celui-ci est alors plutôt carré, large et de taille moyenne. Les créateurs ne se privent pas d'inclure la cuissarde dans leurs collections. Yves Saint Laurent, Paco Rabanne ou encore Pierre Cardin en font un indispensable du look libéré des années 1960.

BETTE DAVIS
JANE BIRKIN
JANE FONDA
SYLVIE VARTAN
JULIA ROBERTS

La cuissarde n'a pas toujours été une chaussure audacieuse. Née plusieurs siècles avant Jésus-Christ, elle est réservée jusqu'au XIXe siècle aux soldats pour des raisons pratiques : la botte montant jusqu'au genou, voire jusqu'à la cuisse, est plus protectrice. C'est avec la popularisation des loisirs et notamment de l'équitation auprès de la gent féminine que la cuissarde devient civile et unisexe. Avant de ne chausser quasiment plus que les femmes à partir des années 1960.

Génération *Pretty Woman*

C'est dans les années 1990 que la cuissarde se fait une mauvaise réputation. Récupérée par les milieux fétichistes et déclinée de manière un peu vulgaire, elle atteint le paroxysme de l'audace dans le film *Pretty Woman*. Julia Roberts, alias Vivian Ward, l'escort girl d'Hollywood Boulevard, y apparaît dans une paire de bottes en vinyle noir qui montent au-dessus du genou, à talons aiguilles, et c'en est fini de la gentille cuissarde de cavalière. Désormais, la botte haute est associée à une image sexuelle et aguicheuse. La rue la délaisse alors. Sauf dans certains quartiers.

La réhabilitation

Mais la mode est un éternel recommencement, et la cuissarde n'est pas près de disparaître des dressings féminins. Depuis quelques années, les créateurs ne cessent de la réintroduire sur les podiums. Matières luxueuses, comme le daim ou le tweed, lignes élégantes et talons aux parfaites proportions, la cuissarde est aujourd'hui aussi portable que n'importe quelle autre botte.

BRIGITTE BARDOT

LES BALLERINES REPETTO

Le mythe B.B. se résume en une silhouette. Un large bandeau, une marinière, des jambes qui se dévoilent et une paire de ballerines Repetto. Du style et de la simplicité.

Novembre 1956. L'hiver est aux portes de la France quand quelques pas de danse vont littéralement souffler un vent de canicule. Quelques pas de mambo plus précisément, esquissés par une Brigitte Bardot incendiaire dans une scène fracassante du film de Roger Vadim *Et Dieu…créa la femme*. Mais, pour danser, il faut de bons souliers. Brigitte Bardot le sait bien. Dans sa jeunesse, avant d'être happée par le cinéma, elle a été reçue au concours d'entrée du Conservatoire de danse de Paris. Se dessinait alors une carrière de petit rat. Il n'en sera finalement rien, à ceci près que les réalisateurs lui demanderont, à plusieurs reprises, de faire preuve de swing dans ses films.

Des ballerines sur commande

C'est donc à sa demande que Rose Repetto, une jeune créatrice de chaussures de danse, conçoit une ballerine de ville tout à la fois légère et confortable, mais aussi sexy en diable, baptisée Cendrillon. Le sulfureux déhanché de Bardot enflamme les foules, la scène devient culte. Les ballerines aussi. On ne sait pas vraiment si le mambo de Bardot fut un déclencheur, mais il reste que l'actrice se montre fidèle à ce modèle dont elle fait un indispensable dans sa vie de tous les jours. À la une de *Paris Match*, Bardot pose en marinière et pantalon Capri, des ballerines Repetto rouges aux pieds et allongée sur une voiture de sport. Elle construit son mythe et celui de ses fameux souliers. Encore plus fort, en 1959, elle se marie avec Jacques Charrier en ballerines Repetto. La jeunesse est conquise, la Repetto descend dans la rue et entame avec les Françaises une véritable histoire d'amour qui se poursuit aujourd'hui.

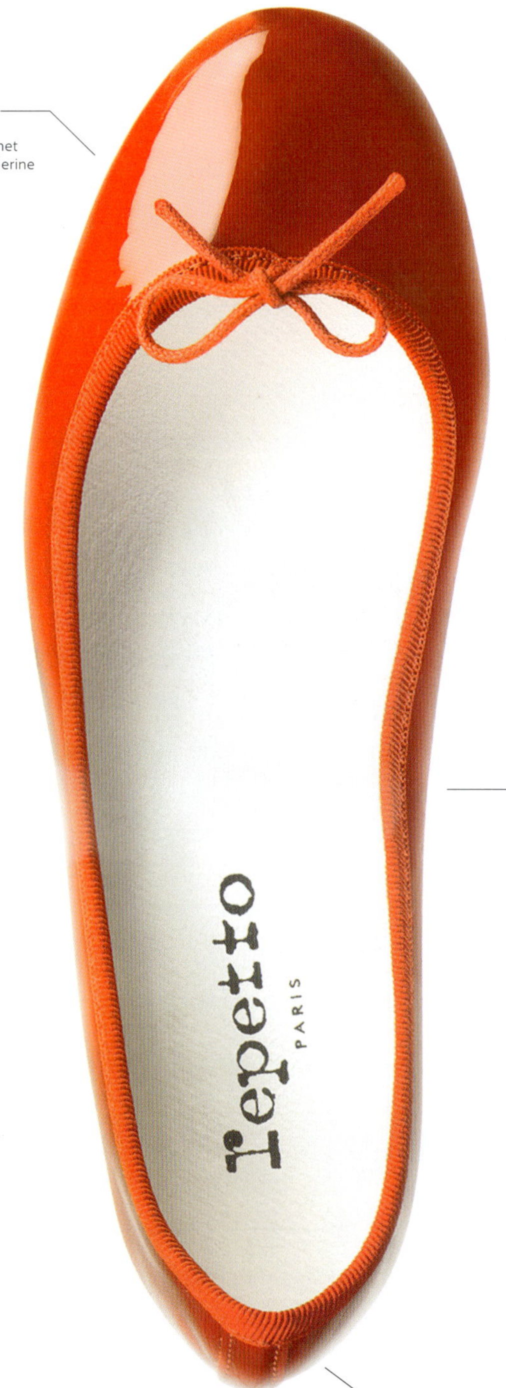

Rm 50
3829
ALFA ROMEO

La force du look Bardot : une sensualité à toute épreuve. Simplement vêtue d'un jean et d'une chemise, B.B. se révèle aussi sexy qu'en Bikini.

… Et Bardot créa le style

L'année 1959 ancre un peu plus Brigitte Bardot dans l'histoire de la mode. Car, ce mariage avec Jacques Charrier, elle ne le fait pas qu'en ballerines mais aussi en robe vichy. Un imprimé qui deviendra sa marque de fabrique. Cette signature stylistique se renforce lorsque, la même année, elle tourne dans le film *Voulez-vous danser avec moi ?* et qu'une nouvelle fois, elle entame une danse dans une jupe culte à l'imprimé vichy bleu et blanc. La taille est serrée comme sur une silhouette new-look et le jupon bouffant. Pourtant, cet imprimé joyeux vient donner à la jupette un air bucolique et un aspect moins guindé que les tenues de l'époque. L'impression colle alors parfaitement à l'image de femme libre que s'est forgée Bardot au fil du temps. Le vichy reviendra souvent dans les tenues de l'actrice et se hissera au rang des indispensables du look sixties tant repris dans les collections actuelles.

Une panoplie glamour

C'est toute une panoplie mode que Brigitte Bardot se constitue et qui marquera le style de l'époque. L'actrice, oscillant sans cesse entre la femme-enfant et la femme fatale, joue sur plusieurs tableaux mode en faisant des vêtements de véritables partis pris personnels. Elle popularise le pantalon Capri qui, délicatement sexy, dévoile les chevilles et qu'elle mixe à ses fameuses ballerines et à des marinières. Elle forge ainsi ce look Riviera qui fut tellement tendance dans les années 1960 dans le sud de la France et ailleurs. Moins académique, elle raffole aussi du short, qu'elle porte dans les ruelles de Saint-Tropez, panier au bras et capeline sur la tête. Dans un genre plus osé, elle est la sensuelle ambassadrice des cuissardes que Gainsbourg lui fait porter dans le Scopitone de *Harley Davidson*. La robe en cuir est ultra-courte, le filet de voix toujours plus lascif, la moto imposante et la dégaine volontairement provocatrice. Bardot est à l'apogée de son sex-appeal et se fait l'emblème des sixties insoumises. Pas étonnant donc que l'actrice mise sur le Bikini pour ses looks de plage. La dégaine B.B., c'est aussi le trench. Un vêtement d'homme qu'elle rend si féminin… Elle le porte un peu ajusté, en A, façon petite fille modèle, ou très souple comme si elle l'avait volé à son homme. Elle en fait une pièce mystérieuse et chic qu'on continue d'associer à sa silhouette.

B.B. EN 3 FILMS

1956

Et Dieu…créa la femme, de Roger Vadim. Bardot explose de sensualité et révèle les ballerines Repetto qui deviendront un incontournable du vestiaire féminin.

1962

Vie privée, de Louis Malle. B.B. se fait l'égérie du Bikini, qu'elle porte blanc dans le film. Les paparazzis immortaliseront d'autres modèles plus colorés et imprimés.

1963

Le Mépris, de Jean-Luc Godard. Le regard est complètement dégagé par un très large bandeau qui plaque ses cheveux vers l'arrière. Le look devient culte.

« Elle va pieds nus, elle tourne le dos aux toilettes élégantes, aux bijoux, aux parfums, au maquillage, à tous ces artifices. Elle marche, elle danse, elle bouge. Elle fait ce qui lui plaît et c'est cela qui est troublant. »

Simone de Beauvoir

Une beauté spectaculaire

Quant à sa mise en beauté, elle est également restée dans la mémoire collective. Les créateurs ne cessent de s'en inspirer sur les défilés et la rue se révèle toujours prête à les imiter. L'eye-liner est évidemment un must de l'allure Bardot. L'actrice souligne ses yeux noisette de ce trait noir qui lui donne un regard un peu plus alangui – plus mélancolique aussi et donc plus mystérieux. Son teint est naturel. Tropézienne d'adoption et installée à La Madrague, l'actrice utilise très peu de fond de teint, son hâle léger lui donne bonne mine. Sa chevelure, enfin, est un véritable accessoire. Toujours crêpés, à la mode des années 1960, ses cheveux blonds quasiment platine sont souvent montés en chignon, d'une manière anarchique qui vaudra à cette coiffure le surnom de « chignon choucroute ». Mais les cheveux de Bardot, c'est aussi cette cascade dorée qui illumine son visage dévoilé par une frange qui s'écarte. Souvent, elle porte aussi foulards et bandeaux, des accessoires qui depuis sont directement associés aux sixties et à Brigitte Bardot, divine égérie de cette décennie.

B.B. EN 3 CLIPS

1963

La Madrague. B.B. déambule sur le sable de la plage abandonnée dans un pull-over bleu et un pantalon orangé dont la coupe est un peu évasée, courte sur les chevilles. Un look somme toute très sage.

1968

Harley Davidson. Le Scopitone met en scène une B.B. beaucoup moins sage. Minirobe en cuir, cuissardes et crinière blonde, la star met son sex-appeal au service d'une chanson culte.

1968

Comic Strip. Toujours avec Gainsbourg et toujours en cuissardes, B.B. est cette fois-ci habillée d'une combinaison moulante et d'une cape façon super-héroïne. La grande nouveauté ? B.B. est brune mais toujours aussi sublime.

Et aujourd'hui…

Brigitte Bardot est un mythe à qui les créateurs d'aujourd'hui continuent de rendre hommage. En 2010, la marque de maroquinerie Lancel lance le modèle B. Bardot, imaginé avec la complicité de l'actrice. Chaque détail est pensé pour coller au look B.B. La forme en huit, le volume généreux et le décolleté plongeant mais aussi les poignées torsadées qui rappellent les foulards que mettait l'actrice dans ses cheveux. Protection des animaux oblige, le sac n'est pas fait en cuir mais en tweed et en Alcantara, une fibre synthétique. Enfin, si Brigitte Bardot ne participe pas aux décisions créatives de la marque, il est à noter qu'une griffe de prêt-à-porter porte aujourd'hui son nom. En 2012, une jeune créatrice décide de redonner vie au mythe B.B. en lançant une marque tout entière dédiée au style de l'actrice. La créatrice se plonge dans les archives de la star et conçoit un vestiaire très sixties qui fait la part belle aux pièces culte de Bardot. Minirobe en crochet, imprimé vichy, dentelle blanche, maillot de bain… Tout y est, preuve de l'extraordinaire influence de Brigitte Bardot sur la mode d'aujourd'hui.

LE VICHY

C'est l'imprimé fétiche de Brigitte Bardot. Symbolique de la mode des sixties, on le retrouve aujourd'hui dans bien des collections à l'esprit vintage.

LES LUNETTES DE SOLEIL

Fille du soleil, B.B. porte les solaires aussi naturellement que le chapeau. Et elle le fait selon les règles des sixties. Version ronde et XXL.

LE PANIER

Indispensable pour ses sorties dans les ruelles de Saint-Tropez, Brigitte Bardot promène toujours un joli panier en osier. Accessoire que les midinettes de l'époque ont rapidement adopté.

LE SHORT EN JEAN

Pièce sexy, s'il en est, le short en jean fait partie du vestiaire estival de B.B. Elle n'a pas peur de le porter très court avec des ballerines ou des souliers compensés.

LA CAPELINE

Qu'elle soit en paille ou en feutre, la capeline habille la chevelure dorée de Brigitte Bardot dès que le soleil pointe le bout de son nez.

La mode façon *Mad Men*

TOUS FANS DES SIXTIES

> LA FEMME PEUT ÊTRE L'HOMME DE LA SITUATION.
>
> *Mad Men*

Page précédente : élue la femme la plus sexy de l'année en 2010 par le magazine *Esquire*, Christina Hendricks monte sur la plus haute marche du podium grâce à *Mad Men* !

RÉTROSPECTIVE
Elle a une sacrée allure, cette petite robe à fleurs qui arrive tout droit des années 1960. On joue sur les couleurs claires et une coupe parfaitement adaptée aux codes actuels. Chic et charme.

La femme des années 1960 impose son style avec assurance. Son accessoire glamour : la cigarette, symbole de son émancipation.

UNE LIGNE RAVAGEUSE

En 2012, la collection « *Mad Men* » de Banana Republic dope les ventes de la maison. La tendance patineuse marque l'année 2011 ; les jupes de Betty, l'épouse de Don, deviennent les objets phares de nos dressings. Déclinée à l'envi, la robe se retrouve sur un cintre en python ou en tartan écossais. Rien ne manque à la panoplie. La ligne fait des ravages. La Madmenmania existe bel et bien. Jusqu'au bout des cheveux ! Car les coiffures des héroïnes sont, elles aussi, devenues culte.

JOAN HOLLOWAY
DON DRAPER
BETTY DRAPER

Serions-nous définitivement nostalgiques des années 1960 ? À l'écran, qu'il soit petit ou grand, elles viennent en permanence nous cueillir au passage, recréant à l'infini le style qu'elles avaient imposé à l'époque. Une preuve ? La série *Mad Men*. Symbole des changements radicaux de la société américaine, les sixties ont trouvé une caisse de résonance dans la vieille Europe. Elles ont donné un ton, ouvert une voie, lancé une nouvelle façon d'aimer, de travailler, de s'habiller. Signés Matthew Weiner, les 92 épisodes de *Mad Men* sont un must. Le vintage et le rétro érigés en culte. On est dans le New York des années 1960, au sein d'une agence publicitaire de Madison Avenue, dont le directeur est aussi créatif dans sa vie professionnelle que dans sa vie privée.

Inépuisable source d'inspiration

L'histoire est incroyable mais vraie : en adoptant ce style rétro, *Mad Men* a engendré un univers vintage qui lui est propre et fascine les créateurs de la planète. Apparue dans les années 1990 à Paris, Londres et New York, la mode vintage remet des modèles anciens et souvent prestigieux en vitrine. Du neuf avec du vieux. Des pièces, que l'on croyait démodées, reprennent du service. Avec ses costumes esthétiquement parfaits, la mode *Mad Men* s'arrache. Les collections s'enchaînent sous l'œil créatif de la responsable de cet engouement, la costumière de la série, Janie Bryant. Difficile aujourd'hui d'échapper à son exercice de style dont elle a fait un art.

Une référence

Don Draper est passé à la postérité, non seulement pour ses frasques mais également pour ses fringues. Le personnage central de *Mad Men* est, aujourd'hui, une référence citée dans tous les magazines de mode. Chez lui, pas de faux pas. Le costume est impeccable, de la taille ajustée à la coupe et à la matière. Les couleurs sont minimalistes. La manche de la chemise dépasse esthétiquement de la veste, une deux-boutons qui souligne la carrure masculine de Don. Pas de barbe de trois jours pour Monsieur Draper mais un visage rasé au poil près. Ajoutez une raie sur le côté et les cheveux brillants de gel et vous aurez le portrait-robot de l'homme qui prend le virage des années 1960.

Des choucroutes extravagantes

Il n'y a pas que les stylistes qui ont regardé la série avec attention. Les coiffeurs aussi. Les choucroutes extravagantes sont remontées sur les podiums. Queue-de-cheval, carré ondulant, chignon banane sont ressortis du secret auquel ils étaient tenus depuis longtemps, jugés ringards, jugés vieillots. En un coup de baguette magique et astucieuse, la série américaine a redonné ses lettres de noblesse à des coupes que l'on croyait enterrées à vie.

RYAN GOSLING
LE RÉTRO-CHIC D'HOLLYWOOD

Avec ses yeux bleus fixés sur l'horizon, Ryan Gosling, *the artist of the moment,* les fait toutes craquer. Depuis *Drive*, c'est l'hystérie collective dès qu'il apparaît. Hollywood frémit quand il est là et Cannes, quand il n'y est pas. Formidable acteur qui joue en permanence sur nos émotions, gendre ou fils idéal quand la pellicule fixe son regard... Gosling impose sa griffe. Sa marque. Un rétro-chic digne de tous les défilés... Le blouson en satin orné d'un scorpion de *Drive*, le film où il explose en 2011, est devenu fétiche. Même s'il lisait les pages de l'annuaire en caleçon, on le trouverait classe. Et sexy. Avec ses costumes qui tombent à la perfection, sa coupe de cheveux nickel et sa barbe de trois jours, l'acteur américain conjugue le passé au présent et le présent au passé. Il manie comme un virtuose le rétro-chic en associant en permanence le vêtement smart aux pièces vintage. Le blouson à carreaux texan au pantalon cintré, le smoking des soirées de gala qu'il peut porter à l'heure du goûter.

Le mec plus ultra

Difficile de voir aussi clair dans son jeu que dans ses yeux. Le play-boy qui a démarré à l'âge de 12 ans dans « The Mickey Mouse Club », une émission de divertissement, aux côtés de Justin Timberlake ou de Britney Spears, a confirmé son talent par des choix audacieux comme le rôle d'un néonazi dans *Danny Balint* ou un prof drogué et dépressif dans *Half Nelson*. Tout en cultivant une image hype et un look de dandy impeccable. L'air faussement négligé, il est toujours sapé comme un milord. Et là où on ne l'attend pas. Car derrière l'acteur se cachent également le musicien, le compositeur et le chanteur. Ryan Gosling est-il le mec parfait ? Le mec plus ultra ? Il aura, dans tous les cas de figure, inventé le dandy du XXIe siècle.

ATOUT CUIR
Des chaussures sublimes, indémodables... Toujours en cuir, elles sont essentielles à la tenue rétro-chic du dandy.

Avec un look tiré à quatre épingles, Ryan Gosling incarne à la perfection le dandy des années 2000.

JAMES DEAN

JOHN WAYNE

MARLON BRANDO

BRAD PITT

STEVE JOBS

SERGE GAINSBOURG

MASTROIANNI

LES BLUES BROTHERS

KARL LAGERFELD

BOB DYLAN

RAY CHARLES

JEAN SEBERG

JEANNE MOREAU

JEAN PAUL GAULTIER

PABLO PICASSO

LES BEATLES

SALVADOR DALÍ

JARED LETO

Cool attitude

Leur nonchalance, leur désinvolture et leur façon de faire la mode sans en avoir l'air les rendent quasiment supérieurs. Ils sont de ceux qui tricotent et détricotent les tendances, faisant passer les styles du ringard au merveilleux en un battement de cils. On les imite sans jamais leur ressembler, on commente, on approuve et on désapprouve en quelques mots ou en quelques clics. Ils inspirent et fascinent. Leurs vêtements deviennent culte, leur allure « à la mode » dans un grand tourbillon souvent très médiatisé. Ils sont de ceux qui, bien ancrés dans leur temps, forgent des looks pour toute une génération. James Dean, Kate Moss, les Beatles ou encore Pharrell Williams sont les gardiens d'un temple sacré de la mode : celui du cool.

L'indémodable jean Levi's

UNE HISTOIRE AMÉRICAINE

« J'AURAIS AIMÉ INVENTER LE BLUE-JEAN. IL A DE L'EXPRESSION, DE LA MODESTIE, DU SEX-APPEAL, DE LA SIMPLICITÉ. TOUT CE QUE JE RECHERCHE DANS MES VÊTEMENTS. »

Yves Saint Laurent

Visage encore poupin et mèches blondes, le jeune Brad Pitt est l'archétype du *boy next door made in USA*. En blue-jean et t-shirt blanc, il est ce que l'Amérique a de mieux à proposer. Jeunesse et panache.

UNE ÉTIQUETTE BRUNE
Ajoutée en 1886, elle représente deux chevaux en train d'essayer de déchirer un jean, preuve de sa résistance incomparable. À partir de 1936, une étiquette rouge est cousue sur l'une des poches arrière. Destinée à démarquer le 501 de ses concurrents, elle est à l'origine du slogan « *Look for the red tab* » : « Cherchez la languette rouge ».

Page précédente : James Dean fait une pause sur le tournage de *Giant*. Dans son jean Levi's, il est l'incarnation du rebelle désabusé. Décontracté et sexy.

JOHN WAYNE
MARLON BRANDO
JAMES DEAN
BRAD PITT
STEVE JOBS

Si le denim est produit depuis le XVIe siècle dans la ville de Nîmes, c'est bien en Amérique qu'il va connaître un succès fulgurant. Un homme, Levi Strauss, va en faire un véritable best-seller dès 1853. Attiré par la rumeur de la ruée vers l'or, l'homme d'affaires d'origine allemande s'installe à San Francisco. Son idée ? Vendre des pantalons et des salopettes aux mineurs. Avec l'aide de Jacob Davis, un tailleur du Nevada, il crée des jeans en sergé de coton teints en indigo. Le blue-jean est né. En 1873, Strauss et Davis donnent un nom à leur produit : le numéro du lot de toile qui leur est attribué. Trois chiffres : 501. Simple mais efficace.

L'idole des idoles

Cent ans plus tard, la culture pop américaine fait du 501 le vêtement du mâle indomptable. John Wayne le porte dès 1939 dans *La Chevauchée fantastique* et lui donne une dimension insoumise. Marlon Brando, dans *L'Équipée sauvage*, en fait ensuite l'accessoire d'une virilité débridée. Avec son jean, son cuir et sa moto, il est cet homme auquel on ne peut résister. En 1955, James Dean renouvelle le genre dans *La Fureur de vivre*. On se souvient de son air juvénile et de sa dégaine adolescente. Un blouson rouge, un t-shirt blanc et un 501, ce jean qui colle à la peau des bad boys. Ces garçons pas si mauvais en fin de compte font l'apprentissage de la virilité dans une Amérique qui se cherche. Le 501 agit alors symboliquement comme un point de repères pour toute une génération de rebelles au grand cœur. James Dean persiste et signe sur l'affiche de son dernier film, *Giant*. Il y apparaît en habit de cow-boy, boots aux pieds et chapeau sur la tête. Levi's reprendra l'image pour ses affiches publicitaires. Plus tard, c'est le très jeune Brad Pitt qui campe le protagoniste d'un spot publicitaire pour Levi's. La marque joue sur les codes frondeurs de son produit et fait du jeune acteur un gentil bad boy. Brad Pitt, sa gueule d'ange et son 501 : tout un programme, et toujours ce côté canaille qui va si bien à ce jean mythique. Mais le succès du 501 ne connaît pas de limites ; Steve Jobs, George Clooney, Bob Dylan, Johnny Depp en sont également inconditionnels. Le 501 est au-dessus des styles et des générations. Il va aux rock stars, aux chefs d'entreprise et même aux présidents. C'est dans un 501 de Levi's que Barack Obama lance le premier ballon du All-Star Game de base-ball en 2009. Et la success story n'est pas près de s'arrêter. En 2015, Levi's crée le 501 CT pour s'adapter aux envies des jeunes générations. La coupe est modifiée, la taille moins haute, les jambes plus étroites. C'est un véritable carton.

SERGE GAINSBOURG

LA ZIZI

CHAUSSURES ÉROTIQUES
Il électrise tout ce qu'il touche. Mais quand il découvre la Zizi, c'est le coup de foudre immédiat !

Du costume cintré des années 1950 au jean délavé des années 1980, de la chemise boutonnée au col ouvert sur une chaîne en or, tantôt dandy, tantôt destroy, Serge Gainsbourg a toujours étudié son style. Au point d'en faire un mythe. Auteur, compositeur, chanteur, pianiste, acteur, scénariste, peintre... il est l'archétype de l'artiste complet. Le talent est là. Reste à transformer l'essai en triomphe. Le petit Lucien Ginsburg en Serge Gainsbourg. Mission accomplie ! Le physique est ingrat mais l'esprit brillant. L'homme à la tête de chou va profondément influencer son siècle et toutes les générations suivantes. Musicalement et vestimentairement. Si, dans les années 1950, le pianiste est toujours tiré à quatre épingles, les années 1960 et la notoriété ont changé la donne.

Chaussure à son pied

Le costume de Gainsbourg est toujours cintré, le pantalon droit mais la chemise ouverte. Fini les cravates. Gainsbourg se décontracte et surtout trouve chaussure à son pied. Le chausson de jazz blanc en cuir souple, créé par Rose Repetto pour sa belle-fille Zizi Jeanmaire, lui va comme une seconde peau. Il en use entre dix et trente paires par an ! Élégant, le Gainsbourg des années 1970 avait adopté la veste de costume rayée et le trench classique beige. Le cheveu était légèrement en bataille, la barbe également. Mais l'image, qu'il voulait lisse en apparence, va voler en éclats. Le provocateur s'affirme dans les années 1980. Il est un fumeur de Gitanes, un amateur de femmes, un buveur invétéré qui se regarde dans la glace vêtu d'un jean délavé, élimé, et d'une chemise blanche ou kaki en grosse toile d'où dépassent souvent des montres signées Cartier ou Breitling. La version Gainsbarre de Gainsbourg. Une silhouette fatiguée qu'il trimballe jusqu'à sa disparition.

Avant d'être Gainsbarre, le Gainsbourg des années 1960 ose le costume en version noire à fines rayures blanches pour un style élégant mais déjà un peu provocateur avec une chemise légèrement ouverte.

Les lunettes noires

PROTECTION RAPPROCHÉE

> « LES LUNETTES CACHENT BEAUCOUP DE CHOSES, MÊME UNE LARME DANS L'ŒIL. »
>
> Søren Kierkegaard

DANGER
NO SMOKING

Page précédente : le film de John Landis est devenu culte. Tout comme les lunettes des Blues Brothers. Une paire de Wayfarer sur le nez et le duo Dan Aykroyd-John Belushi devient cultissime ! Ici, ils s'allient à Ray Charles pour une scène d'anthologie.

Impossible d'envisager le génie du luxe sans sa plus fidèle compagne, sa paire de lunettes noires dont il ne se sépare jamais. À croire qu'il nous cacherait presque quelque chose...

UN MONDE MEILLEUR

Voit-on la vie en rose à travers des lunettes noires ? Un monde meilleur ? C'est ce que semble penser l'excentrique créateur Karl Lagerfeld, connu pour ses looks inédits et surtout ses lunettes vissées sur le nez 365 jours par an : « Ce sont comme des ombres à paupières portables, explique-t-il. À travers des verres teintés, le monde est plus beau et tout le monde rajeunit instantanément de dix ans. » Et comme on n'est jamais mieux servi que par soi-même, le Kaiser a dessiné sa propre marque, raffinée, structurée. À l'image de ce ténor du luxe qui a influencé les géants de la mode. Imaginer Lagerfeld sans ses lunettes est impossible ! Et nous sans les siennes, également...

KARL LAGERFELD
LES BLUES BROTHERS
MARCELLO MASTROIANNI

Les stars en ont fait… des stars ! Et *vice versa*, parfois. Mastroianni hisse la Persol au septième ciel. Les Blues Brothers reprennent le flambeau de la Ray-Ban Wayfarer, lancée dans les années 1950 par Audrey Hepburn. Karl Lagerfeld fait des lunettes noires une seconde nature et crée une paire à sa démesure. Jamais ringardes, toujours au top, les lunettes noires déclenchent les fantasmes et auréolent ceux qui les portent d'un soupçon de mystère. Derrière ces verres foncés, *the place to be*, de jour comme de nuit. Quand on lève le voile, c'est un peu un strip-tease. *Sol y sombra !* De l'ombre à la lumière, on joue en permanence sur le registre de la séduction. Mastroianni et son regard qui vole au-dessus de ses lunettes en sont une remarquable illustration. Karl Lagerfeld en a fait un style. D'autres, un signe. Un signe d'appartenance à une caste, celle un peu mafieuse des Blues Brothers, celle un peu déjantée des gens de la nuit. Et Ardisson, une émission de télévision : « Lunettes noires pour nuits blanches »… Une consécration pour nos luxueuses dames de compagnie !

En première classe

Avec elles, on voyage toujours en classe affaires. Quand Mastroianni dissimule son regard de braise et de velours derrière des Persol, elles changent définitivement de statut. Ces lunettes noires, inventées par Giuseppe Ratti pour protéger les yeux des pilotes, ne quitteront plus les feux de la rampe. Ceux des projecteurs puissants de *La Dolce Vita* qui en font l'emblème d'une jeunesse dorée à l'italienne, au même titre que la Vespa. Elles sentent le soleil et incarnent à tout jamais la joie insouciante et éclatante de la Rome des années 1960. Les paires mythiques portées par le comédien seront rééditées pour les 50 ans du film de Federico Fellini.

Magic touch

Avec la Wayfarer, une paire de lunettes de soleil imaginée par Ray-Ban, on passe dans la cour des grands. La marque a toujours fait rêver. Les fashion victims ont, depuis des générations, adopté les Ray-Ban, au masculin comme au féminin. Et dès que l'on est en âge de marcher, on doit les avoir sur le nez ! Elles ont un côté ludique, et, avec la Wayfarer, le monde a trouvé son Graal. Sa *magic touch*. Après Audrey Hepburn, qui les utilise à merveille dans le film *Diamants sur canapé*, c'est l'univers de la musique qui s'en empare. Bob Dylan et Ray Charles, mais également les Blues Brothers. Ce groupe de blues composé des comédiens Dan Aykroyd et John Belushi associés aux grands noms de la musique soul popularise le style et la Wayfarer en la faisant monter sur une scène où l'humour et les costumes noirs donnent un ton décalé à l'éclat de leur rythme. Tout comme la Ray-Ban à celui de nos yeux.

JAMES DEAN

NOBODY IS PERFECTO !

LA PERFECTION
Jamais un blouson n'aura un tel charisme. On l'aime, on le porte mais on ne l'use jamais.

UN ÉCLAIR !
La nouveauté, ce sont les fermetures Éclair. Une touche moderne sur un blouson qui n'a pas forcément été créé pour les jeunes mais qui devient leur emblème.

Il est entré dans la légende par la mauvaise porte. Tué sur le coup dans un accident de la route, à 24 ans, James Dean a interrompu au volant de sa voiture une carrière aussi brève que fulgurante. En nous laissant en héritage une image éternelle : celle de l'adolescent fragile et révolté. Et un symbole fort de cette jeunesse en plein désarroi : le Perfecto. C'est Elia Kazan qui met sur orbite la comète James Dean en le choisissant pour interpréter le rôle de Cal dans l'adaptation du roman de Steinbeck, *À l'est d'Éden*. L'acteur américain à la gueule d'ange et aux idées noires est un fabuleux interprète. Il va transformer ce coup d'essai en coup de maître en incarnant un adolescent rebelle dans *La Fureur de vivre*, devenant dès lors le porte-drapeau d'une génération en pleine crise. Et celui du mythique blouson en cuir, le Perfecto, signature incontournable du look des bad boys de l'époque.

Interdit dans les cours de récréation

Née en 1928 aux États-Unis, cette veste en cuir, la première à être équipée d'une fermeture Éclair, est rapidement adoptée par les bikers américains. Et va voler la vedette au blouson d'aviateur, extrêmement populaire à l'époque. Mais, avant de devenir le roi du dress code quotidien de la jeunesse du monde entier, le Perfecto fut longtemps associé aux hors-la-loi, aux rebelles. Et même banni des cours de récréation aux États-Unis et en Angleterre car jugé trop subversif. Peu importe. James Dean ne le quitte plus. Le Perfecto part à l'assaut de la planète. Aujourd'hui, il a perdu sa réputation sulfureuse. Il est le basique indémodable de tous les dressings, qu'ils soient masculins ou féminins.

Rebelle par essence, James Dean ne résistera pas à l'appel de la vitesse. Sa fureur de vivre fera de lui le plus mythique des bad boys.

75

La marinière

UN CLASSIQUE ÉTERNEL

« BIEN SÛR, J'AI VU LE TRICOT À RAYURES SUR CHANEL, PICASSO, BRIGITTE BARDOT. GAMIN, C'EST AINSI QUE MA GRAND-MÈRE M'HABILLAIT. LA MARINIÈRE, C'EST AVANT TOUT UNE NOSTALGIE. »

Jean Paul Gaultier

Page précédente : dans le chef-d'œuvre de Godard *À bout de souffle*, Jean Seberg, cheveux courts et regard mutin, est la plus magnétique des ambassadrices de la marinière.

Pablo Picasso a fait de la marinière le vêtement des anticonformistes. Le peintre de toutes les polémiques lui confère un petit côté subversif. Sa folie douce rend la marinière d'autant plus désirable.

LE VÊTEMENT DU MARIN
Le tricot rayé à l'origine de la marinière est, encore aujourd'hui, un modèle au design précis, avec une coupe et un nombre de rayures fixe.

BRIGITTE BARDOT
JEANNE MOREAU
JEAN SEBERG
CHARLOTTE GAINSBOURG
JAMES DEAN

Avant de devenir un incontournable du vestiaire français, la marinière est un vêtement usuel destiné à habiller les marins dès le XVIIe siècle. Elle est alors appelée « tricot rayé » et répond à des règles strictes stipulées par un décret du *Bulletin officiel des armées* : 21 raies blanches de 20 millimètres de large et 20 ou 21 raies bleues de 10 millimètres de large. Pour les manches, on tombe à 15 raies blanches et 15 ou 4 raies bleues. La légende voudrait que les 21 raies soient un moyen de rendre hommage aux 21 victoires napoléoniennes, mais il semblerait qu'il s'agisse surtout d'une question de coupe.

Un vêtement à la mode

Dans les années 1900, la marinière devient unisexe, notamment grâce à Coco Chanel. Inspirée par le dressing masculin, Chanel s'approprie le tricot rayé et va même jusqu'à le porter avec des pantalons. Petite révolution. Mais il faudra attendre Yves Saint Laurent pour voir la marinière sur un podium. Le créateur présente en 1966 sa collection « Matelot ». Il associe alors la marinière à des cabans à double boutonnage et insère une touche glamour avec des paillettes blanches et bleu marine. Enfin, le tricot marin est indissociable du travail de Jean Paul Gaultier, à qui, enfant, on faisait porter la marinière. C'est dans les années 1980 qu'elle devient pour le créateur une réelle obsession créative. Jean Paul Gaultier fait de la marinière un véritable objet d'art qu'il s'efforce de ne pas coincer dans un genre. La marinière Gaultier est féminine et masculine. On se souvient de sa collection « Toy Boy », dans laquelle il présente son fameux « mâle » en marinière, un garçon à la virilité féminisée qu'on retrouve sur le parfum pour homme du même nom.

Le cinéma en est fan

La marinière est un vêtement *made in* France et le cinéma le lui rend bien. Dans les années 1960, la Nouvelle Vague lui donne ses lettres de noblesse. Dans *Le Mépris*, Godard habille Bardot d'une marinière, en gardant la silhouette de Coco Chanel en tête. Il y aura aussi Jeanne Moreau dans *Jules et Jim* et Jean Seberg dans *À bout de souffle*. Plus tard, Charlotte Gainsbourg reprendra dans *L'Effrontée* le flambeau des actrices en marinière. Mais le tricot rayé dépasse les frontières hexagonales et fait aussi recette chez les acteurs. Comment oublier James Dean dans *La Fureur de vivre*, sa gueule d'amour et sa marinière ?

LES BEATLES
LE LABEL SANS COL

SANS COL
C'est Pierre Cardin, influencé par l'art de vivre japonais, qui dessine le fameux costume de scène des Beatles. Une veste sans col à trois boutons qui fera très vite le tour de la planète !

EX-FAN DES SIXTIES
Dans les années 2000, la veste sans col est toujours mythique. La preuve : les créateurs *so british*, comme la marque Beatwear Sixties Limited, ne cessent de la rééditer !

Ils ont changé la face du monde… ou presque. Enfants sauvages ou enfants sages, les Beatles ont tout bouleversé sur leur passage, qui ne dura pourtant que dix ans. Dix ans pendant lesquels les Fab Four ont réécrit une page de l'Histoire en la coulant dans le marbre.
Et une autre de la mode en nous laissant des vestons sans col et des bottines cubaines. On a tous en nous quelque chose de George Harrison, Ringo Starr, Paul McCartney ou John Lennon… Ils étaient si soudés pour tenir le choc qu'ils ont suscité leur surnom « le monstre à quatre têtes ». Quatre têtes pleines de talent, d'imagination, d'un univers à la fois arty et avant-gardiste. Ils ont toujours un tempo d'avance, avec l'impatience de ceux que l'on attend ici alors qu'ils sont déjà là.

Trend-setters

Quand les Beatles, délaissant le cuir, se mettent à jouer sur scène avec un costume qui n'a plus de col mais un tour de cou gris, la jeunesse de l'époque les suit le doigt sur la couture d'un pantalon qui, lui, n'a plus de poches. Les Fab Four sont des *trend-setters*, des faiseurs de mode. La veste sans col décolle. Les bottines cubaines à talons également. Ils l'ont bien compris, ces garçons dans le vent des années 1960, l'important c'est l'accessoire. Les fameuses bottines vont compléter la panoplie ; la coiffure sage, renvoyer les bananes des rockeurs au rang des souvenirs. Les sales gosses deviennent les figures de proue du siècle, des figures indémodables. Le choc est chic. Tendance forever. Avec leur coupe de cheveux au carré impeccable qui vont les transformer en fils de bonne famille, ils vont fouler les tapis de Buckingham Palace. Décorés par la reine de la médaille de l'Empire britannique – McCartney sera même anobli en 1997 –, les Beatles sont un label incontournable. Du monde de la musique. Et du monde tout court.

Les Fab Four imposent leur look de garçons sages à leurs fans qui tombent dans le panneau. Et en redemandent.

36

LES BEATLES

Ondes de chic

S i on cherche, on ne trouve pas. Aucun groupe au monde n'a résonné aussi fort dans l'inconscient collectif. Il y a eu un avant-Beatles. Pas d'après. Aujourd'hui encore, la « bande-son » des années 1960 continue à susciter l'engouement et le copyright. Des rues de Liverpool à la cour d'Angleterre, les Beatles ont imposé leur rythme. Si la planète entière va fredonner *Let it be* dès les bancs de la maternelle, ils ne se laissent pas faire, empruntant une trajectoire bien à eux et celle d'un homme qui, dans l'ombre, les révèle à la lumière, Brian Epstein.

Rock and pop

Celui qui va devenir leur mentor les cueille pratiquement à la sortie de l'avion qui les ramène de Hambourg. Epstein va mettre de l'ordre dans les troupes. Fini les blousons de cuir et les attitudes de garnements. Place au complet-veston et aux coupes de garçons modèles qui vont inspirer des générations et des générations de fans. À l'image de leur musique, qui plaît aux rockeurs avec ses standards inépuisables et aux autres avec des mélodies plus populaires. Du rock et du pop. *A star-system is born* : la Beatlemania. Les Fab Four sont devenus aussi célèbres que les chapeaux de Sa Gracieuse Majesté mais, eux, vont être copiés. À l'infini ! Une évolution ? Non, sir. Une révolution. Musicale, intellectuelle, vestimentaire ! On s'habille Beatles, on se coiffe Beatles, on mange Beatles. Ce sont des artistes engagés qui vont profondément transformer les codes de la société. Au-delà du phénomène médiatique et musical, les Beatles ont laissé dans leurs malles un lourd héritage. Leur imaginaire hallucinant et leur humour très britannique inspirent toujours. La secousse a été tellurique. Elle se répercute encore sur le mur de nos souvenirs. Il a neigé sur *Yesterday* le soir où ils se sont quittés, mais *Michele* restera toujours ma belle et *Lucy* brillera éternellement *in the sky, with diamonds.*

LES BEATLES DE LA TÊTE AUX PIEDS

1960

Le complet-veston gris sans col enflamme les scènes londoniennes et parisiennes.

1961

Les bottines Chelsea sortent de leur clandestinité pour devenir des rock stars aux pieds des Beatles.

1965

La coupe Beatles, inspirée d'une coupe à la française, fait un tabac sur la scène niçoise.

Fini le temps des rockers, place aux gentlemen sortis de la City ou de Buckingham Palace. Le chapeau est melon, la canne anglaise et les coupes impeccables. Mais le sourire reste coquin !

La barbe et la moustache

À POIL !

« UNE LÈVRE SANS MOUSTACHE EST NUE COMME UN CORPS SANS VÊTEMENTS. »

Guy de Maupassant

S'il a reçu un oscar pour le meilleur second rôle, Jared Leto, c'est avant tout une gueule mythique qui, au gré de ses barbes longues ou courtes, réussit toujours à surprendre le monde entier !

UNIIIIIIIQUE

Si les hipsters des années 1940 sont des amateurs de jazz qui ont adopté le style des musiciens afro-américains, ceux du XXIe siècle affichent d'autres prétentions. N'est pas hipster qui veut, loin de là. En décidant de rompre avec les codes du métrosexuel et ceux de toutes les fashion victims embrigadées par les médias, ils se sont façonné un costard sur mesure. Chemise de bûcheron canadien, pilosité abondante... le look est plus dur. Plus viril. Les barbiers ont repris du service, le rétro également. À force de vouloir être uniques, ils ont fini par se multiplier. Leur marginalité est devenue un hit. Voire un véritable marketing...

CHARLOT
SALVADOR DALÍ
CLARK GABLE
JARED LETO

Elles sont un signe. Un signal. Une véritable ligne de démarcation. Que l'on soit barbe ou moustache, on ne joue pas dans la même cour que le commun des mortels rasé de près. Salvador Dalí avait fait de sa célébrissime moustache le symbole de son excentricité. Les hipsters du XXIe siècle portent leurs barbes puissantes comme un étendard. Attention, tendance !

Dali's Mustache

Avec Dalí, on sait que l'on ne sera jamais déçu. Son culte de la personnalité poussé à son paroxysme, il crée son propre univers surréaliste. Et sa propre moustache. Un attribut semblable à une paire d'antennes qui défia les modes et le temps, précédant, dans la légende, le fou génial et extravagant qu'était le peintre espagnol. Derrière l'artiste se cache une star ; une star égocentrique qui inventera sa moustache en croc pour en faire l'attribut phare de sa personnalité. Il s'immortalise en l'ornant de toutes les vertus, parsemée de pâquerettes, retroussée vers le haut. Au point d'en faire un livre, *Dali's Mustache*, où, à l'aide d'un « S » barré de deux pinceaux, il la déguise en dollar. En état d'autocélébration permanente, Salvador a parfaitement su, du temps de son vivant, entretenir le mythe Dalí… qui a encore de beaux restes, mais également des concurrents. La moustache de Charlot a elle aussi marqué son temps. Quant à celle, fine et droite, de Clark Gable, elle est le symbole de l'élégance masculine.

Hipster

Délaissant le sillage des autres, les hispters ont fait du hors-piste un exercice de style qui leur est propre. Avec leur barbe soignée qui ne supporte pas le négligé de leurs consœurs et leurs vêtements rétro achetés de préférence dans les friperies de Berlin, ils ne veulent surtout pas ressembler à des vedettes de la télévision ou du cinéma. On n'achète pas la hipster attitude comme une savonnette dans un supermarché, ou dans un magasin vintage de luxe. Fortement individualiste, le hipster veut vivre autrement. Bio, végétarien, un corps parfait, une tête pleine de culture bien à lui où Nietzsche côtoie le Che, le vinyle un iPhone vissé à l'oreille, jetant cravates, vestes classiques, jeans ajustés et chaussettes dans le feu de ses désillusions… À force de refuser l'air du temps, il est devenu branché ! Un prescripteur de mode suivi par la jeune génération dont il est finalement issu. Rattrapé là où il ne voulait pas l'être par la société de consommation. À Hollywood, stars masculines et féminines s'illustrent dans l'exercice ; de Jared Leto à Nicole Richie, le hipster est au cœur des tabloïds. En tentant de se débarrasser à tout prix des formules stéréotypées de la société dans laquelle ils sont nés, les hipsters sont passés de l'autre côté du miroir. Pour en revenir, quelques années plus tard, estampillés « tendance ».

PHARRELL WILLIAMS

LE MOUNTAIN HAT DE VIVIENNE WESTWOOD

UNE COMPARAISON INATTENDUE
La forme un peu cabossée sur le haut du crâne en forme de colline vallonnée et sa hauteur un brin démesurée ont donné son nom au chapeau : le Mountain Hat.

UN CLASSIQUE OVERSIZE !
Les rebords larges du Mountain Hat lui donnent un aspect plus classique. Comme un haut-de-forme qu'on aurait écrasé.

Un simple accessoire éclipse parfois l'événement. Le 26 janvier 2014, la cérémonie des Grammy Awards couronne le groupe Daft Punk de cinq récompenses. Ce devait être leur soirée, il n'en sera rien. Sur le tapis rouge, quelqu'un ou plutôt quelque chose se fait remarquer : le chapeau de Pharrell Williams, venu accompagner le duo électro sur le titre *Get Lucky*. Ce chapeau, c'est un modèle vintage de la collection 1982-1983 de la créatrice britannique Vivienne Westwood. Baptisé Mountain Hat, il ressemble effectivement à une colline vallonnée. Sa taille oversize et sa couleur marron accentuent la ressemblance.

Le fabuleux destin du Mountain Hat

En quelques heures, c'est l'hystérie 2.0. Les requêtes Internet explosent, les tweets se multiplient ainsi que les détournements rigolos. Le buzz se propage à une vitesse folle et c'est bientôt toute la planète Web qui ne discute plus que d'une chose : le chapeau de Pharrell. Humour moqueur ou véritable hommage, les vidéos et autres gifs animés inondent Internet. Le clip de la chanson *Happy*, tube mondial de l'année 2014, connaît même sa parodie, intitulée *Hatty*. Quelques semaines plus tard, la pression n'est toujours pas retombée, si bien que le chanteur, un peu lassé, décide de vendre aux enchères le fameux chapeau. Mis à prix à 200 dollars, celui-ci se vendra finalement 44 000 dollars, soit près de 32 000 euros, les fonds étant intégralement reversés à une association de protection des enfants et des ados soutenue par l'artiste. C'est la chaîne de fast-foods Arby's, dont le logo ressemble au chapeau, qui devient l'heureuse propriétaire de la pièce – laquelle sera même exposée au musée de Washington pendant une semaine.

Clés à la ceinture, chapelets autour du cou, chapeau melon et jean taille basse… Le secret du style de Pharrell : le mélange des genres.

Une tete a chapeau

Si le Mountain Hat a fait couler beaucoup d'encre et de clics, les autres couvre-chefs de Pharrell n'en sont pas moins étonnants. Car le moins que l'on puisse dire c'est que le chanteur est carrément fan de chapeaux loufoques. Les casquettes sont évidemment un de ses *must have*. Elles sont colorées, imprimées ou à messages ; il les porte souvent sur le côté et un peu sur le dessus du crâne. Tout un programme. Mais on a également aperçu Pharrell en bob imprimé dinosaure. Pour le côté régressif certainement. La casquette militaire à pins, le bonnet flashy, la chapka d'Inuit et le Fedora plus traditionnel ont aussi une place de choix dans son dressing. Bref, la plupart du temps, Pharrell sort couvert.

His tailor is rich

Le signe distinctif de Pharrell est sans doute son look sur *red carpet*. Jamais à court d'idées originales, le chanteur a quand même un vrai toc mode : le tailleur-bermuda. Une signature stylistique osée qui lui va pourtant très bien et qui se décline sans la veste dans une version plus casual. Le nœud papillon est néanmoins toujours de rigueur et les baskets remplacent derbies et autres slippers, portées sans chaussettes pour un look résolument cool.

Une panoplie street

Ce qui est intéressant dans l'approche mode de Pharrell Williams, c'est qu'il navigue entre les styles de manière plutôt fluide. Hip-hop, dandy chic, hipster, la palette de ses looks est étendue. Il porte aussi bien le sweat à capuche que la chemisette, les richelieus que les baskets, le bermuda que le smoking. Impossible donc de le ranger dans une catégorie inamovible, le style de Pharrell s'échappe et c'est bien ce qui fait son charme.

Les marques et les créateurs se l'arrachent

Pharrell Williams a décidemment plus d'une corde à son arc. Chanteur, musicien, producteur, la star est aussi designer à ses heures perdues. Et les marques en sont folles. On ne compte plus le nombre de collaborations que l'artiste a à son actif. Des t-shirts pour Uniqlo, des lunettes de soleil pour Moncler, des vêtements écolo pour G-Star Raw, des bijoux pour Louis Vuitton et toute une ligne pour Adidas Originals, avec qui il a signé un contrat sur le long terme. Le carton de 2015 ? Les baskets Superstar Colorblock, déclinées en 50 coloris. Consécration absolue, Karl Lagerfeld choisit Pharrell pour figurer sur la campagne de pub de la collection des métiers d'art automne-hiver 2015 de Chanel aux côtés de Cara Delevingne. Un véritable avènement mode. Cerise sur le chapeau, le prestigieux CFDA (Council of Fashion Designers of America), présidé par Diane Von Furstenberg, lui décerne le prix d'icône de la mode. De quoi le rendre très happy.

> « Je m'habille comme je fais de la musique. Personne n'a jamais fait ça : je vais le faire. »
>
> Pharrell Williams

PHARRELL EN 3 DÉTAILS

Le nœud papillon

Pharrell le porte de jour comme de nuit. En mode hipster chic avec une chemisette et un chino ou façon dandy moderne avec son fameux tailleur-bermuda.

Le chapeau

Évidemment. Il en a des tonnes et change de style comme bon lui semble. Si celui de Vivienne Westwood a fait sensation, le chanteur en a également de plus traditionnels.

Les souliers

Super street avec ses Adidas ou très chic avec des slippers vernies, Pharrell Williams est définitivement un shoes addict.

LE COUVRE-CHEF
On retiendra le Mountain Hat mais Pharrell est un obsessionnel des chapeaux en tout genre. Accessoire indispensable pour conclure un look, il les aime dans tous les styles. Du plus chic (melon, haut-de-forme...) au plus street (bob, casquette...).

LE BLOUSON SPORTY
Sa collaboration avec Adidas ancre Pharrell dans l'univers du sporty chic. Ça tombe bien, il en est fan. Blouson façon teddy ou sweat arty, le chanteur est fidèle à ces pièces casual qu'il rend toujours plus tendance.

LES BIJOUX
En bon rappeur hip-hop, Pharrell est adepte du bling. Mais pas n'importe lequel. Pas de $ doré autour du cou mais plutôt des chapelets qu'il accumule. Boucles d'oreilles, bagues, bracelets et montre complètent la scintillante panoplie du chanteur. Entre gros cailloux et ésotérisme.

LES BASIQUES
Jean et t-shirt font partie des indispensables de l'artiste. Il porte son denim taille basse, souvent ceinturé et orné de breloques aux sangles. Quant au t-shirt, il ira même jusqu'à concevoir une collection pour Uniqlo.

Les tatouages

UNE GRIFFE INDÉLÉBILE

« CHACUN EXPRIME SES SENTIMENTS À SA FAÇON. MOI, C'EST À TRAVERS MES TATOUAGES. »

David Beckham

Page précédente : David Beckham fut l'ambassadeur des sous-vêtements de la marque H&M pour leur campagne 2013.

En seulement vingt-sept ans d'existence, Amy Winehouse a marqué son temps. Et laissé son histoire tatouée sur sa jolie silhouette.

UN LIVRE D'IMAGES

•

À part sa Gracieuse Majesté Élisabeth II, au royaume de laquelle ils sont nés tous les deux, l'interprète à la voix *old school*, souvent comparée à celle d'Ella Fitzgerald, et le joueur de football, star mondiale du ballon rond, n'ont pas grand-chose en commun. Quoique...

Entrés dans la ronde médiatique dès leur adolescence, ils ne cesseront de mener le bal. Tragique pour l'une, glamour pour l'autre, planétaire pour les deux. Sans interrompre le fil d'une histoire racontée au bout d'une aiguille. En véhiculant sur leur corps toute une gamme de sentiments, Amy Winehouse et David Beckham nous ouvrent un livre d'images. Plus révélateurs que beaucoup de clichés, plus efficaces que bien des discours, ces dessins sont une mine d'informations.

AMY WINEHOUSE
DAVID BECKHAM

Pratiqué depuis la nuit des temps, le tatouage est chargé de symboles – religieux, spirituels, voire esthétiques. Un rite ancestral devenu une marque de fabrique. Qu'on le voile ou le dévoile, aujourd'hui, il est devenu un « accessoire » fashion. Et colle à la peau. C'est un raz-de-marée qui a déferlé sur le star system, avec à la clé de solides ambassadeurs. Difficile de résister au charme de David Beckham couvert d'une vingtaine de tatouages. Ou à celui, vertigineux, de la chanteuse britannique Amy Winehouse, partie trop tôt une nuit de juillet 2011.

« On ne me coupera jamais les ailes. »

Elle nous laissera toujours une sensation d'inachevé. Celle d'une traînée de poudre qui a bouleversé notre quotidien, nous entraînant au paradis avec sa musique qui mélangeait les genres ou en enfer avec ses démons. Amy Winehouse, c'est tout sauf un filet d'eau tiède. En disparaissant à 27 ans, cette immense interprète maintes fois récompensée est allée rejoindre Jimi Hendrix, Janis Joplin ou Jim Morrison au tristement célèbre Club des 27, nous laissant pour épitaphe quelques indices sur sa peau. Ses douze tatouages retracent l'existence d'une gamine pleine d'humour qui se fit imprimer, à l'âge de 15 ans, une Betty Boop au ras des fesses, et d'une femme passionnément éprise de son mari, Blake Fielder-Civil, gravé au-dessus de son sein gauche. L'existence d'un esprit libre caractérisé par un oiseau avec le message « On ne me coupera jamais les ailes ». Elle les a brûlées, rattrapée par la dépression et l'alcool, brisant brutalement les liens forts qu'elle entretenait avec ses fans.

Une affaire de famille

Si chez les Beckham on a du mal à éviter la caricature, c'est qu'on en a fait tout un art. Les époux les plus glamour de la planète forment un couple modèle. À l'image des costumes impeccablement coupés de David. Le joueur le plus sélectionné de l'histoire du foot britannique a pourtant réussi à casser l'image lisse qu'on lui a scotchée rapidement sur le dos. L'illustrant au passage de tatouages très significatifs, car c'est à travers eux que le roi du stade « exprime ses sentiments » pour sa famille. Le dernier en date est « signé » par sa fille de 4 ans, Harper, qui a choisi un tatouage à l'effigie d'un personnage des *Minions* pour venir enrichir la collection de son célébrissime papa. Une collection marquée par trois chérubins qui représentent ses trois fils. Ou un Templier en manteau avec une croix rouge qui correspond à une discipline et à un état d'esprit que le maître a toujours voulu insuffler à ses équipes. David aime les symboles. Les tatouages n'ont pas fini leur course vers la notoriété. Marginalisant, finalement, ceux qui les boudent !

CHLOË SEVIGNY

LE STYLE EDGY

Elle aurait pu ou dû devenir une épouse modèle, une mère parfaite, conforme à l'image de la très conservatrice ville de Darien, dans le Connecticut, où elle est née. Mais, à quelque 160 kilomètres de là, il y a New York, les raves et les skateurs de Washington Square. Chloë Sevigny y passe ses week-ends. L'adolescente est rebelle. La femme en look total récup va le rester sur les vestiges d'une culture underground dont elle devient la muse. Sans doute la dernière. Quand elle débarque à New York à l'âge de 17 ans, fuyant l'ennui de la maison familiale, c'est un véritable boulet de canon ! Personne ne va pouvoir arrêter ce feu follet, même si personne n'en voudra non plus sur les collines d'Hollywood.

La mère du style edgy

Et cette personnalité hors du commun va forcément avec un style à part. Chloë Sevigny mélange les genres dans la vie comme dans la mode. Ce qui va forger un concept que reprendront les filles de son époque. L'edgy, comme l'appelle la presse, c'est ce style au-delà de la tendance qui fait du cool avec du moins que rien en mixant les influences – et surtout avec l'air de ne pas y toucher. Sur Chloë Sevigny, tout devient sexy, tout devient beau et tout devient portable. La gamine à la coupe garçonne et à la silhouette de baby doll s'inscrit dans un paysage qu'elle dessine elle-même, réussissant à se faufiler dans tous les milieux alternatifs dont elle va faire son royaume. Accédant au titre suprême de It Girl en quelques apparitions, grunge désinvolte au cheveu ras en mocassins et chaussettes blanches. C'est une icône à part. Mais une icône à part entière. En n'étant jamais vraiment à sa place, elle a trouvé la sienne. Si Chloë Sevigny n'est pas la reine des paillettes californiennes, elle est celle de la récup, dont elle fait un style audacieux et sexy. Has been parfois. Mais sur elle, tout passe. Et tout casse. Les codes, les modes. Elle est l'antiglamour par excellence. En bafouant les genres, elle impose sa marque. Chloë Sevigny fait du Chloë Sevigny, et uniquement du Chloë Sevigny. Du sur-mesure à la hauteur de sa démesure.

MASSIVES !
Chloë associe toujours une paire de boots bien imposantes à des pièces plus féminines pour un contraste décalé. Des combinaisons idéales pour s'imposer sur la scène new-yorkaise avec style !

LIMITE GOTHIQUE
Carrément edgy, ces boots noires sont de vraies hybrides ! Sorte de richelieu compensé et montant qui rappellerait même le vestiaire gothique…

Elle est la reine de la récup. Chloë Sevigny a fait de son style indéfinissable un style à part entière.

So cute

CHLOË SEVIGNY EN 3 LOOKS

1995

En grunge désinvolte au cheveu ras dans *Kids*.

2003

En baby doll séductrice dans *Dogville*.

2006

En mormone au col serré dans *Big Love*.

Quand elle déboule en 1995, sur le grand écran, elle le crève ! Dans *Kids*, le film de Larry Clark, la jeune paumée qui traîne dans ce que Manhattan peut avoir de plus sordide véhicule. Elle y incarne si bien ce mal-être, révélateur d'une société qui n'a pas vu sa jeunesse se prendre les pieds dans le tapis de la désillusion. Une jeunesse sans rêves dont Chloë Sevigny va devenir le chef de file, avançant sans filet sur le chemin très personnel qu'elle a tracé.

Un mélange de matières et de formes

Si son côté underground peut faire peur, elle est pourtant craquante, cette actrice, égérie du cinéma indépendant, mais également mannequin à sa manière de Chloé ou Miu Miu. Et fait le job en mélangeant les matières et les formes, la candeur d'une Lolita et sa perversité. Elle n'hésite jamais. Qu'on la suive ou non. En réhabilitant la robe campagnarde, les sabots qui font désormais à nouveau un tabac, les grosses semelles compensées, elle plane sur la mode et le cinéma.

C'est le petit écran qui lui donnera un second souffle avec la série *Big Love*, où elle parvient à faire de son personnage de mormone traditionnelle une femme perfide et paranoïaque. En tueuse à gages transexuelle ou en nymphomane, héroïne de la série *American Horror Story*, la Sevigny joue en permanence sur l'ambiguïté. Ne laissant jamais indifférent celui qu'elle interpelle sur l'écran ou dans les magazines de mode. En minijupe violette aux imprimés noirs associée à un sweat bleu marine, en derbies blanches de tenniswoman, elle ne se refuse rien. Ni même de poser allongée sur un plan de travail, entièrement nue, avec pour seule culotte un homard ! Avec son physique de top-modèle et une ligne directrice qui n'appartient qu'à elle, Chloë Sevigny avait décidé d'exister. C'est fait !

Elle sait jouer sur tous les registres. Celui de nos émotions mais également celui de son ambiguïté quand elle se balade en baby doll mondaine.

KATE MOSS
LE TRENCH BURBERRY

Quoi de plus british que Kate Moss, avec sa moue boudeuse et son regard mystérieux, enveloppée dans un grand trench Burberry ? Les campagnes de pub ont marqué nos mémoires, et pour cause : la Brindille reste l'égérie la plus mythique de cette marque anglaise incontournable et de son indémodable imperméable.

Le réveil de Burberry

Dans les années 1990, Burberry est une vieille maison anglaise très installée qui habille l'aristocratie des parties de chasse. La marque veut se réinventer, se moderniser et présenter ses collections autrement. Débarque alors sur ses publicités, en trench notamment, la top-modèle la plus emblématique de sa génération : Kate Moss. Le trench, ce manteau en gabardine de coton créé en 1914 par Thomas Burberry pour habiller les soldats britanniques dans les tranchées (d'où son nom), devient le manteau le plus sexy de l'Histoire. Et, le plus intéressant pour la marque, c'est que Kate Moss est une accro du trench. Elle le porte allégrement dans sa vie de tous les jours et en devient une véritable ambassadrice.

Le trench à la Kate

Adepte du look casual chic, Kate Moss porte son trench de façon tantôt très cool, tantôt très élégante. Le jour, c'est jean slim, trench court – porté ouvert sur une chemise ou un pull loose – et boots de rockeuse. Le soir, le trench se resserre à la taille, il est plus structuré, moins mou, et se porte sur une petite robe noire que la Brindille aime souvent très très courte – de sorte que l'on pourrait penser que sous son trench elle est complètement nue. Des stilettos vertigineux aux pieds et un regard charbonneux concluent cette tenue de soirée. Avec glamour.

LA DOUBLURE
C'est le fameux motif à carreaux check qui fait office de doublure et qui rend le trench encore plus élégant.

LE DOUBLE BOUTONNAGE
Ces deux rangées de boutons sont le signe d'un vêtement destiné aux soldats. Le double boutonnage permettait une double couche de coton pour protéger les soldats du froid.

LA CEINTURE
Aujourd'hui véritable accessoire de mode, elle donne au trench deux styles bien marqués. L'un très preppy lorsqu'elle ferme le manteau, l'autre plus décontracté lorsqu'elle est défaite et accrochée dans le dos.

LE TISSU
La gabardine de coton, inventée par Thomas Burberry en 1879 permet au trench d'être à la fois léger et imperméable.

L'attitude rock'n'roll de la Brindille associée à l'élégance du trench Burberry donnent un résultat inattendu et tellement british ! Elle le porte si bien qu'on n'oserait plus dissocier ces deux-là.

Eternelle ado

À 18 ans, Kate Moss se fait connaître grâce à une campagne de publicité pour Calvin Klein. C'est son « waif look » qui plaît alors à la marque américaine, c'est-à-dire cette dégaine de gavroche, un peu perdu, un peu mélancolique, dont le regard impénétrable est un ressort narratif et le corps chétif, un appel à la protection. En jean, dans des sous-vêtements blancs ou noirs simplissimes, la Brindille prend la pose, installant délicatement son image d'éternelle adolescente. Et ça marche. Le contrat qui la lie à Calvin Klein durera huit ans, et la marque continue aujourd'hui d'essayer de caster des égéries au pouvoir magnétique aussi puissant que celui de la petite Anglaise.

Une panoplie rock

Kate Moss, c'est aussi un look rock très assumé. Sa pièce fétiche ? Le jean slim gris. Dans les années 2000, alors que le monde entier porte encore des jeans bootcut, Kate Moss se met au slim, ce pantalon ultra-serré qui lui fait des gambettes interminables. C'est la période où elle fréquente toute la clique des rockeurs britanniques, dont Pete Doherty, qui deviendra son boyfriend en titre. La top-modèle oublie quelque peu son look d'ado US pour adopter des pièces plus matures. Le slim gris en fait partie. Elle le porte avec tout, partout et tout le temps. De jour comme de nuit. Avec du cuir ou une veste de smoking, des boots ou des stilettos. Déchiré ou non. Le tout, c'est que son gris souris lui donne du style et sa coupe serrée, une bonne dose de rock. Pour accompagner son slim, Kate Moss n'oublie pas les bons basiques d'une brit-girl : le blouson en cuir, qu'on la voit même porter autour de la taille lorsqu'il fait trop chaud, et les boots à talons cubains qu'elle ne quitte pas.

« Si je sors danser, je mets les talons les plus hauts avec la robe la plus courte possible. »

Kate Moss

KATE MOSS EN 3 PUBS

Calvin Klein

1992, Kate Moss pose avec Mark Wahlberg. Son jean ouvert laisse entrevoir sa culotte blanche, qu'elle porte topless. Le cliché désormais mythique fait alors polémique, notamment en raison du jeune âge de la top-modèle : 18 ans.

Chanel

2001, Kate Moss rejoint les égéries Chanel et représente alors le parfum Coco Mademoiselle. Avec sa casquette de marin, son sautoir de perles et sa coupe à la garçonne, la Brindille renouvelle son style après un gros scandale médiatique.

Burberry

2014, Kate Moss et sa compatriote Cara Delevingne sont les deux visages du parfum de la marque. Les clichés jouent sur les codes intemporels de la marque. Forcément, les deux mannequins sont donc en trench.

Des pièces fortes

Kate Moss est la modeuse de tous les extrêmes. Parmi ses pièces de prédilection figurent des contradictions stylistiques que la mannequin gère d'une main de maître. On connaît donc sa fascination pour la fourrure, qu'elle adore porter l'hiver. Petit blouson court, veste sans manches ou manteau XXL, version folk ou carrément bourgeoise, Kate Moss porte la fourrure dans tous ses états, en couleur ou au naturel. Son obstination fait rugir l'association de défense des animaux à tous les coups (comme lorsqu'elle assista à ce défilé Louis Vuitton enveloppée dans un immense manteau de fourrure, ce qui souleva une polémique chez les défenseurs des animaux) ; elle s'en moque éperdument. C'est son côté rebelle. Mais Kate ne s'en tient pas qu'aux pièces de luxe. Elle est aussi adepte des bottes de pluie Hunter, qu'elle arbore généralement tous les ans ou presque au festival de Glastonbury pour se protéger de la boue. Le grand écart mode ne fait pas peur à la Brindille.

SUR LE CATWALK

Sur les podiums Chanel, Kate Moss est l'archétype de la fille des nineties. Sexy en diable et d'un naturel désarmant, elle s'adapte aux envies des créateurs qui se l'arrachent.

LE BLAZER

Kate Moss aime le mélange des genres et excelle dans l'association du masculin et du féminin. Vêtue d'une belle veste d'homme, elle est aussi sexy qu'en petite robe.

LE CHAPEAU

En bonne brit-girl, Kate Moss est une adepte du couvre-chef. On l'aperçoit souvent en Borsalino ou en Fedora, ce qui, en plus de la protéger des flashs des paparazzis, lui donne une allure racée.

LA FOURRURE

Ça lui vaut les foudres des associations de protection des animaux mais la Brindille reste fidèle à ses manteaux de fourrure. De la vraie fourrure, bien entendu !

UN REGARD MAGNÉTIQUE

C'est ce regard qui frappa d'abord les photographes. Cet air à la fois naïf et rebelle. Celui d'une fille romantique mais à qui on ne la fait pas.

Les baskets

ALL STARS !

« POUR ÊTRE IRREMPLAÇABLE, IL FAUT ÊTRE DIFFÉRENTE. »

Coco Chanel

UNE CHAUSSURE CONFORTABLE ET TELLEMENT STYLÉE
Que l'on soit plus Spring Court que Converse, difficile de résister à une chaussure plate si stylée ! Les modèles originaux séduisent toujours autant. Preuve de leur statut mythique...

UN LIEN PARTICULIER AVEC LA MUSIQUE

Des pénitenciers américains où on l'adopta car elle était bon marché, aux pieds des stars du rock, voire de Marie-Antoinette dans le célèbre film, la route a été longue, mais la Converse a remporté la partie. Jeu, set et match pour une basket qui n'en demandait peut-être pas tant avant de devenir la plus belle pour aller danser. Si Chuck Taylor la hisse au rang de star mondiale des terrains de basket, elle va largement dépasser les frontières de la NBA. James Dean l'exhibe dans *La Fureur de vivre*, et les rockeurs en font un emblème. En entretenant un lien particulier avec la musique, la Converse est devenue rock, punk, grunge. Kurt Cobain mais également les Who ne la lâchent plus. Avec son *American way of life* qui lui colle définitivement aux semelles, en version haute ou basse, en toile de toutes les couleurs, voire en cuir, la Converse trouve toujours sa place. Et sait tenir son rang aussi bien au bureau qu'en soirée, en jean ou en jupe de soie !

Pilier de la scène grunge et du rock alternatif, Kurt Cobain débarquait presque toujours sur scène avec une paire de Converse bien usée au pied.

JOHN LENNON
SERGE GAINSBOURG
JAMES DEAN
KURT COBAIN

Détournées de leur vocation initiale, les baskets sont devenues les reines de la fête après avoir été celles du stade. Elles sont descendues dans la rue et dans nos dressings. La Spring Court ou la Converse sont les objets culte de la mode et de ses victimes ! La première est française, la seconde est américaine mais toutes deux vont aller gagner leurs galons de stars sur les courts de tennis ou les terrains de basket. Avant de monter sur scène et d'être de tous les défilés…

Version originelle

Avec la française qui séduit les professionnels du tennis, tel Ilie Nastase, et l'américaine, ceux du basket, comme l'incontournable vedette de la NBA Chuck Taylor, on aurait pu croire que ces pointures resteraient éternellement confinées dans le vestiaire des sportifs. Mais les années 1960 vont les détourner de leur version originelle. La Spring Court traverse la Manche pour se retrouver aux pieds d'un John Lennon en pleine gloire. La Beatlemania bat son plein et, quand le compositeur s'affiche en Spring Court sur la pochette de l'album *Abbey Road* ou à son mariage avec Yoko Ono, c'est le triomphe pour celle que l'on appelait encore la tennis. La Converse, elle, mène une vie plus sportive. Pendant près de quarante ans, elle fait une carrière discrète dans l'ombre des joueurs de basket qui l'usent sans état d'âme. Et sans savoir… Chuck Taylor et les années 1960 (encore elles) vont en faire un must en lui donnant un titre. La marque lui en confectionne une paire sur mesure : les Converse All Star Chuck Taylor. Et elle devient le centre d'intérêt de l'Amérique.

Des filles dans l'air du temps

En lançant la G1, issue d'un mariage improbable entre la tonnellerie familiale et son intérêt pour le bouchon en caoutchouc, Georges Grimmeisen ne se doute pas qu'il vient de révolutionner la chaussure de sport. Le modèle de la Spring Court, en toile ventilée et à la semelle de caoutchouc vulcanisé, est souple, étanche et adhérent. En exploitant son côté tout-terrain, les Grimmeisen font de ces tennis un concept avant-gardiste. Et un remarquable coup de communication. Sportives et citadines à la fois, elles se portent à la ville comme à l'écran. John Lennon leur donne un coup de pouce et un petit air british chic. Serge Gainsbourg enfonce le clou en adoptant la version basse de la marque. La G2 suivra la G1 en s'adaptant à la culture urbaine et aux années 1990. Tour à tour pop, arty, en cuir, en velours ou à paillettes, elle séduit les plus classiques comme les plus excentriques.

WOODY ALLEN
L'HOMME À LUNETTES

UNE PAIRE À SON NOM
Avec ses montures en acétate brut et non vernies, la paire de lunettes de Woody Allen est une véritable signature.

Il est le maître incontesté de l'ironie, de l'humour et de l'autodérision. Pas celui du prêt-à-porter ! En écrivant ses longs-métrages à quatre mains avec le docteur Freud perché sur son épaule, Woody Allen explore, avec talent, les méandres de nos cerveaux. Heureusement qu'il ne s'occupe que de nos questions existentielles car, côté vestiaire... peut mieux faire, Monsieur Allen. Seules ses lunettes Lemtosh, de Moscot, éternellement vissées sur son nez, laisseront une trace dans le catalogue. En caricaturant la société qui l'entoure et qu'il observe à la loupe, le génial réalisateur d'*Annie Hall* se met en réalité en scène, incarnant un personnage qui lui ressemble comme un frère jumeau.

L'incarnation du non-style

Avec ses ficelles de l'absurde, ce géant du cinéma a réussi à nous imposer sa griffe. Le petit juif new-yorkais binoclard sait de quoi il parle. Il a passé plus de temps chez son psy que chez son tailleur. Mais là encore, à force de ne pas avoir de style, il nous en impose un. Trimballant son éternelle veste en tweed jusque sur les marches du festival de Cannes, que l'on trouverait presque gaie à côté de ses chemises ternes aux couleurs grises, voire marronnasses... Mais la toilette ne serait pas complète sans ce t-shirt blanc qui apparaît comme un trophée sous le col de ses chemises. Digne descendant du tricot de peau, ce t-shirt est devenu un must, toujours porté par une partie de l'Amérique. Seule concession à sa négligence, son incontournable paire de lunettes, qui, elle, a un style et qu'il a imposée comme une marque de fabrique ! Quand on les aperçoit, on les reconnaît. Ce sont celles de Woody. Avec le charme désuet de ceux qui pensent encore avoir quelque chose à prouver, Woody Allen ne doit avoir qu'une seule certitude : l'habit ne fait pas le moine...

Malgré son air éternellement désenchanté, Woody Allen nous a toujours enchantés, tant comme réalisateur que comme acteur. Il incarne ici l'un des rôles principaux du *Prête-nom*, de Martin Ritt (1976).

AUDREY HEPBURN

COCO CHANEL

STEVE MCQUEEN

LAUREN BACALL

HUMPHREY BOGART

JANE BIRKIN

GRACE KELLY

LADY DI

JACKIE KENNEDY

BRIGITTE BARDOT

AMAL CLOONEY

ROBERT REDFORD

MARLENE DIETRICH

KATHARINE HEPBURN

TILDA SWINTON

CATHERINE DENEUVE

YVES SAINT LAURENT

Élégance

Il est des êtres chez qui l'allure est innée. Ils détiennent la clé de ce quelque chose en plus, de cette indescriptible aura, de ce « je ne sais quoi » qu'on passe une vie à leur envier sans jamais vraiment y accéder. Un vêtement fort ou un détail choc et les voilà partis dans les hautes sphères du style. Celles qui abritent, faisant fi des diktats de la tendance, des personnalités au look intemporel et à la grâce naturelle. Une silhouette plus qu'un corps, voilà ce qui les définit. Si les pièces sont parfois classiques, leur façon de se les approprier est unique. Grace Kelly, Audrey Hepburn, Humphrey Bogart… Ils ont définitivement conquis ce mystère de la mode que bien d'autres ont cherché en vain : l'élégance.

TIFFANY

AUDREY HEPBURN

LA PETITE ROBE NOIRE GIVENCHY

Première scène du film, première apparition d'Audrey Hepburn. Il n'en faut pas plus pour tomber sous le charme de cette adorable actrice que la robe noire habille de mystère.

Un petit déjeuner dans une petite robe noire et il suffit d'une silhouette pour créer un véritable mythe. Audrey Hepburn et Hubert de Givenchy en sont l'indiscutable preuve. Si le succès de l'éternelle petite robe noire est attribué à Coco Chanel dès les années 1920, la postérité se souviendra à jamais de la *little black dress* de Holly Golightly dans *Diamants sur canapé* en 1961. Une robe de cocktail créée par son couturier fétiche Hubert de Givenchy. En effet, depuis *Sabrina* en 1954 et leur première collaboration, une solide amitié s'est nouée entre l'actrice et le styliste au point que l'une ne réclame que des créations de l'autre pour ses films. Une relation que décrit Givenchy lui-même comme une « amitié amoureuse ». Et l'amour, on le ressent dans la façon qu'il a d'habiller si finement cette brindille brune à la drôle de frimousse. La petite robe noire d'Audrey Hepburn apparaît dès le début du film et elle achève en quelques secondes de donner corps au personnage tellement attachant, à la fois extravagant et fragile, imaginé par Truman Capote. Très élégante, elle se veut le symbole d'un style propre à la Cinquième Avenue de New York. Distingué et précieux. Mais cette petite robe noire ne va pas sans les accessoires qui l'accompagnent : un diadème, un collier de perles, des lunettes noires XXL, un porte-cigarette, de longs gants et des kitten heels (talons bas et très fins). Une panoplie chargée mais sympathique qui ancre Holly dans un univers scintillant. Devant les vitrines du fameux joaillier, Audrey Hepburn s'approche à petits pas. Et, dans cette robe noire, elle est si menue, si gracieuse, si adorable qu'elle captive instantanément le spectateur. La PRN, comme on l'appelle bientôt, est aussi ce qui relie ce personnage à Audrey Hepburn elle-même. Un vêtement simple, facile, presque minimal et pourtant si fort. Tout le style Hepburn.

STEVE MCQUEEN

LE CHINO

TOUJOURS D'ACTU
Il a débarqué avec les troupes américaines et n'a depuis jamais cessé de faire parler de lui. Il est pourtant discret avec sa coupe droite simple en lin et ses couleurs toujours sobres. Mais le chino est un must !

Il avait tous les vices et toutes les vertus. Steve McQueen a vécu à 200 à l'heure, quittant la scène aussi rapidement qu'il y était entré. Aussi pressé d'y arriver que d'en repartir. En filant comme une étoile, l'immense artiste américain n'avait pourtant pas dit le mot de la fin. Il est toujours là, dans nos fantasmes, lié indéfectiblement au style qu'il avait lancé en pantalon chino, l'« Ivy look ». Des Marines, où il s'est engagé à l'âge de 17 ans, à l'Actors Studio, où on le retrouve quelques années plus tard, Steve McQueen n'est pas, à ses débuts, le champion de la ligne droite. Ni de la ligne de conduite. En crevant l'écran dès ses premières apparitions, le comédien s'impose en quelques films et une série télé, *Au nom de la loi*, où Josh Randall va longtemps lui coller à la peau. Peu importe. S'il fait une entrée fracassante dans l'univers du cinéma, il va adopter des codes vestimentaires plus discrets dont on fera tout un monde.

Le pantalon de l'armée américaine

Car le monde tourne autour de Steve McQueen dans les années 1950. Autour de son talent, de ses écarts, de ses mariages et de son style. Il devient à une vitesse supersonique une icône de la mode, prouvant que l'homme pouvait lui aussi inspirer les créateurs. Son fameux pantalon chino, au chic décontracté, fait un tabac. En serge ou en lin, toujours de couleur claire, cette pièce, devenue un mythe, était portée par les soldats de l'armée américaine pendant la Seconde Guerre mondiale. Sur cet irrésistible séducteur, elle prendra une tout autre ampleur…

Il a l'air de rien mais surveille son look ! Un look Ivy que McQueen a imposé à l'écran comme à la ville.

1200
CLAY
1200
TAYLOR
Rusk Is Cautious
A PEACE TALK FLURRY
San Francisco Chronicle
FINAL
San Francisco Chronicle
LARGEST DAILY CIRCULATION

Take it ivy

Costume qu'on lui taille sur mesure, à l'écran. Courage, bravoure, belle gueule, Steve McQueen a tout pour plaire. Et il plaît. Même quand il est fou amoureux d'Ali MacGraw, sa deuxième épouse, il ne peut s'empêcher de galoper. Le comédien est un collectionneur. De femmes. De motos, d'armes, de photos, de vêtements. Un passionné de vitesse, addict à la drogue, joueur, buveur à ses heures. Mais toujours classe !

The King of Cool

En démocratisant le style Ivy, il nous a laissé un solide héritage. Lui qui ne suivait pas les modes, il a réussi à se forger une image d'icône.

Personne n'a oublié le chino beige et les bottes de moto de *La Grande Évasion*, ni le blouson de cuir ou le blazer en tweed sur une chemise en chambray du *Kid*. Steve McQueen devient un maître du style masculin. Il aime la simplicité du sportwear américain qu'il porte avec élégance. Ne crachant pas non plus sur un beau costume à fines rayures ou des chaussures à boucles, auxquelles il est accro. Le style se veut discret. Mais sur The King of Cool, la donne change. Le look Ivy devient une carte maîtresse dans le jeu de tous les Américains, et du reste du monde. Une combinaison gagnante où le chic et le cool occupent la place d'honneur.

Ci-dessus : le réalisateur John Sturges et Steve McQueen sur un circuit de formule 1, en 1965, en France.
Ci-contre : Steve McQueen aime aussi les trenchs qu'il porte par-dessus un costume toujours taillé sur mesure. Décontracté mais élégant...

Ivy ou preppy ?

Si Steve McQueen et Hollywood ont largement contribué à son rayonnement, le style Ivy avait déjà quelques heures de vol à son compteur, auréolé du prestige des huit universités américaines les plus performantes qu'il représente. Car le style Ivy League, c'est à Harvard, Columbia, Yale ou Princeton qu'on le porte au point d'en faire un savoir-vivre. Une *American way of life* qu'adoptent ceux qui y entrent et qu'ils conservent quand ils en sortent.

Un code vestimentaire

Ces étudiants, qui seront hommes politiques, voire président des États-Unis, comédiens ou encore scientifiques, appartiennent à une élite qui a ses propres règles. Dont un code vestimentaire qui a eu une immense influence sur la mode masculine et continue à régner sans partage – ou presque – sur les podiums actuels.

La cravate club, véritable porte-drapeau de ces universités, est sortie des bancs de la fac pour arriver jusqu'au commun des mortels. Même chose pour la veste en tweed et le pantalon de flanelle. Le pull en V, le blouson Harrington de Steve McQueen, le blazer plus sage ou le denim impeccable ont traversé les âges, les décennies, les océans, et répondent toujours présents à l'appel. Le chino kaki ou beige est indémodable, la chemise madras à carreaux s'invite régulièrement à la table des festivités. Avec ses couleurs sobres – taupe, sable, bleu marine –, le style Ivy joue la carte de l'intemporel et celle de la discrétion. En quittant son piédestal pour descendre dans la rue, la panoplie Ivy League a inventé un genre, repris à la volée par Ralph Lauren ou Brooks Brothers qui s'en sont faits les chantres. Et aujourd'hui par tous les créateurs de la planète, qui font revenir ce style en force... mais sous un autre nom. En 2015, on n'est plus Ivy, on est preppy ! Comme quoi, à quelques lettres près, on redevient tendance alors qu'on n'a jamais cessé de l'être...

STEVE MCQUEEN EN 3 PAIRES DE CHAUSSURES

1963

Steve McQueen impose les bottes de moto dans *La Grande Évasion*.

1968

L'artiste adopte des chaussures à boucles, dont il devient un adepte, dans *L'Affaire Thomas Crown*.

1968

Il ne quitte plus ses chukka boots en daim dans *Bullitt*.

« Quand je crois à quelque chose, je me bats de toutes mes forces pour le défendre. »

Steve McQueen

LA VESTE EN TWEED

La veste n'a pas un défaut. Discrète malgré son motif à carreaux, elle a un tombé parfait sur les épaules de l'acteur. Elle peut être cool avec un pull ou plus chic avec une chemise.

Même quand il est dans les bras de sa femme, Neile Adams, on sent son regard voilé peser sur sa partenaire dans le film *Bullitt*, Jacqueline Bisset.

LES LUNETTES DE SOLEIL

Les PO 714 de Persol n'ont pas tardé à devenir *la* paire officielle de McQueen. Il inaugure les célèbres lunettes aux verres bleus sur le tournage de *L'Affaire Thomas Crown* en 1968. Le détail qui tue : elles sont pliables !

LE COL ROULÉ

Le col roulé en pure laine vierge, symbole du week-end à la campagne, est aussi descendu dans la rue et devient vite un indispensable du look à la McQueen.

LA PAIRE DE CLARKS

Elles sont incontournables. Et peuvent accompagner un jean ou un costume-cravate. Les Clarks ne sont jamais à contre-emploi.

LAUREN BACALL

LE TAILLEUR PIED-DE-POULE

L'AUTRE MOTIF ÉCOSSAIS
Il puiserait ses origines dans les Lowlands de l'Écosse, où il était porté par des bergers. Le motif pied-de-poule n'en est à la base pas un : c'est la manière de tisser 4 fils de laine ensemble en intervertissant une laine blanche avec une laine noire qui donne ce motif semblable à une empreinte de pied de poule. Extrêmement utilisé depuis des décennies, il est aujourd'hui accepté en soie, en cachemire, voire en fibres synthétiques.

Elle a forgé sa légende avant même d'y entrer pour l'éternité un jour d'août 2014. En rejoignant Bogart, qui l'attendait depuis plus de cinquante ans sur son nuage, Lauren Bacall a laissé derrière elle un parfum de femme entêtant. Celui d'une étoile américaine mais également d'un style, qu'elle imprima dans le béton d'Hollywood. Et du reste du monde. En un béret et un tailleur pied-de-poule, le tour était joué ! La gamine du Bronx n'a que 19 ans lorsqu'elle pénètre dans l'univers du cinéma et celui d'Humphrey Bogart. *Le Port de l'angoisse* va devenir un port d'attache. L'existence, un formidable terrain de jeu d'ombres et de lumières, où l'insolente beauté va bluffer son entourage – sans jamais tricher. Avec sa taille mannequin, sa voix rauque, son regard sensuel et pénétrant, The Look impose un look.

Résolument moderne

Chez elle, l'élégance est une seconde nature. Son chic glamour inspire. Qu'elle soit en pantalon ou en déshabillé de soie, Bacall incarne la femme fatale. Conjuguant sa féminité explosive au masculin, elle est résolument moderne. Entraînant dans le « boyish » tous les couturiers de la planète qui, aujourd'hui encore, signent leurs collections en fantasmant sur cette silhouette en tailleur pied-de-poule qui traversait l'écran avec un incroyable talent et un aplomb irrésistible. Bermuda, smoking Yves Saint Laurent, trench en toile, voire en vison, Givenchy, Cardin ou Ferragamo, elle mélange les genres et les matières tout en restant fidèle à elle-même. Furieusement in ! Et, si c'est elle qui portait la culotte, elle n'en est pas moins restée femme jusqu'au bout de sa séduction. Avec l'audace de celles qui n'ont pas besoin d'être sifflées pour exister…

Le Port de l'angoisse où Bogart croise Bacall pour la première fois en 1947 va devenir leur port d'attache. Celui qui est déjà un monstre du cinéma hollywoodien vivra avec celle qui allait devenir The Look jusqu'à la fin de sa vie.

HUMPHREY BOGART
LE BORSALINO

UN GRAND PRIX
Avant d'atterrir sur la tête des stars et des gangsters, il fut consacré Grand Prix à l'Exposition universelle de Paris en 1900. Une sacrée trouvaille…

REPRIS À L'INFINI
Si aujourd'hui on trouve le type « Borsalino » partout, c'est la chapellerie italienne Borsalino qui créa pour la première fois en 1857 le célèbre chapeau en feutre à base de poils de lièvre ou de lapin. Son succès mondial lui fit d'ailleurs prendre le nom de la maison. Attention : Borsalino est maintenant une marque déposée !

Lorsque Bacall croisa Bogart, les collines d'Hollywood ont dû trembler, la Terre s'arrêter de tourner. Le couple qu'ils formèrent à la ville comme à l'écran, jusqu'à ce que la mort de Bogie les sépare, est devenu un mythe. À plus d'un titre. Si Lauren Bacall incarnait l'élégance suprême, Bogart possède celle, intemporelle, du gentleman. Avec, à la clé, un accessoire indispensable : le Borsalino, dont il a fait la réputation.

Le « Bogart »

Jamais les nœuds papillon n'ont trouvé de place plus appropriée que le cou de Bogie, qui les porte de jour comme de nuit. En bleu de travail, il aurait certainement fait un malheur, ce diable d'homme. Mais son truc à lui, c'est le costume, la veste chic, le trench-coat qui souligne sa virilité… Comme s'il en avait besoin, lui qui sait si bien s'affirmer en mâle ou en caïd. En immortalisant le Borsalino au cinéma, il explose tous les compteurs de la mode. Sous les bords de ce chapeau en feutre mou, il en impose. En poil de lapin ou de lièvre, le Borsalino devient le « Bogart ». La veste de smoking blanche de *Casablanca* où Bogie, propriétaire d'un night-club huppé, apparaît passionné et sexy, fera date. Symbolisant un être hésitant entre son attirance pour une femme et sa loyauté envers le mari de celle-ci, elle devient une marque de fabrique. Celle des grands hommes. Des hommes smart ! Si son talent est indéniable, Bogart, c'est aussi et avant tout une gueule. Une allure. Sanglé dans un imperméable ou en smoking blanc, il est *the guy*, l'essence même de la classe au masculin. De celle que l'on n'apprend pas sur les bancs de l'école, si prestigieuse soit-elle. Chez ce pilier de bar invétéré qui fit souvent de sa vie personnelle une bataille rangée jusqu'à l'apparition de Lauren Bacall, elle est innée !

Humphrey Bogart, c'était avant tout une gueule à laquelle il donna une allure. Comme quoi !

Play it again...

Il est la plus grande icône du cinéma, placé dès son entrée ou presque tout en haut de l'affiche. Un authentique génie qui prenait la lumière avant de nous la renvoyer en guise de message. Derrière un air parfois brutal, souvent bougon, Humphrey Bogart dissimulait l'étoffe d'un héros des temps modernes. Une classe virile mais sensuelle. Né dans une famille extrêmement aisée, le petit Bogart n'a pas eu la jeunesse dorée qu'on veut bien lui prêter. Coincé entre un père médecin accro à la morphine et une mère alcoolique, il fuit leurs cauchemardesques scènes de ménage en se réfugiant dans les jupes de sa nounou irlandaise. Et abandonnera derrière lui ses parents et leur guerre en s'engageant volontairement dans la Marine américaine, contrecarrant les plans de papa qui veut en faire un toubib.

Un mec bien

Il n'en est pas à un détour près. Après quelques départementales, Bogie rejoint la nationale, celle qui mène à la gloire, à *Casablanca* et au *Faucon maltais*. En quelques mètres de pellicule, c'est la consécration. Avec sa taille moyenne, Bogart aurait pu passer inaperçu. Sauf que...

La force intérieure qu'il dégage lui donne une place bien particulière au Panthéon de nos idoles. Son caractère bien trempé, il ne le met pas qu'au service de ses coups d'éclat ou de ses coups de gueule mais également d'une vraie philosophie. On pourrait le croire taciturne et détaché du monde. Faux. Monsieur Bogart est un mec bien, de la trempe de ceux que l'on aimerait tous croiser, ne serait-ce que quelques heures. En plein maccarthysme, il se bat contre les ignobles *black lists* instaurées par le sénateur McCarthy et cette chasse aux sorcières qui pactiseraient avec le communisme, suscitant au-delà de ses remarquables prestations la sympathie de tout un public qui le suit comme son étoile. Une étoile qui a filé en 1957, en oubliant de claquer la porte et d'éteindre la lumière...

LA TOUCHE BOGART EN 3 DATES

1942

Bogart immortalise le Borsalino dans *Casablanca*.

1951

L'acteur redonne ses galons de star au nœud papillon dans *La Femme à abattre*.

1954

Il ne lâche plus ses pochettes après *Sabrina*.

Il n'a pas eu besoin des magazines de mode pour y entrer. Bogart possédait une élégance naturelle et fit sortir le nœud papillon de la confidentialité. Le portant à toutes les occasions, les grandes comme les petites.

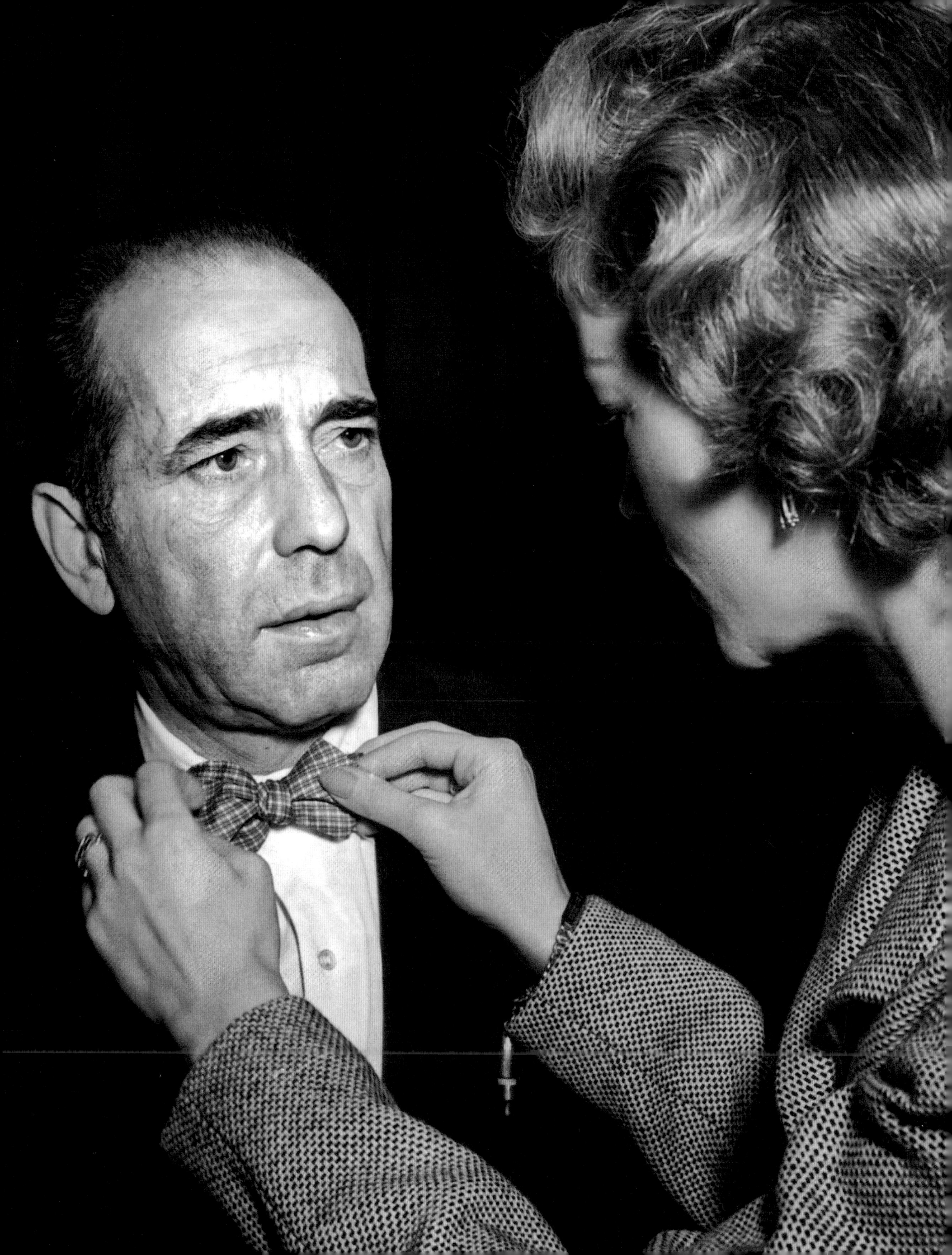

GABRIELLE CHANEL

LE TAILLEUR EN TWEED

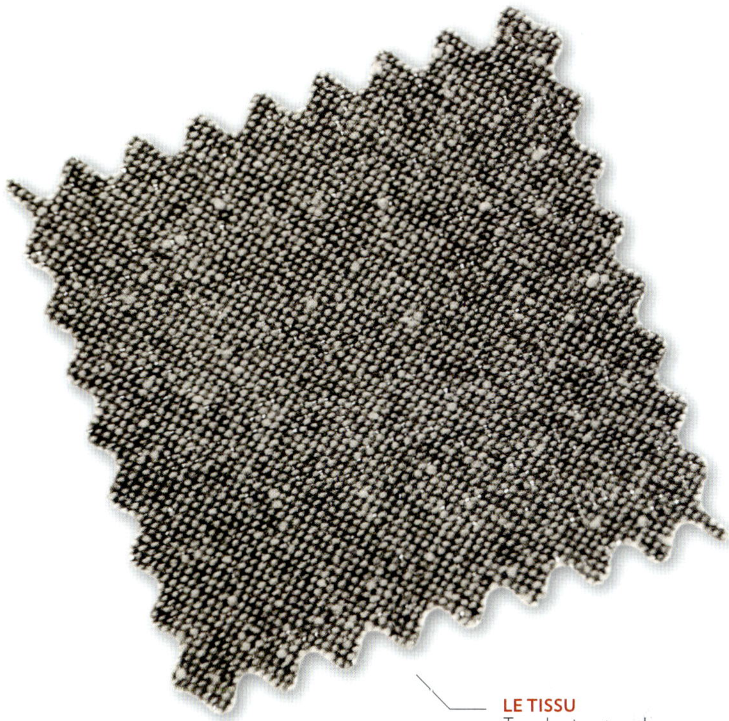

LE TISSU
Tweed un jour, tweed toujours. C'est *le* tissu *made in* Chanel. Parce qu'il était résistant, Coco l'avait choisi pour ses tenues d'équitation. Aujourd'hui, il est aussi élégant et précieux.

Certaines femmes ont marqué la mode d'une trace indélébile, merveilleuse, éternelle. C'est le cas de Gabrielle Chanel, dite Coco, qui, non contente d'avoir révolutionné la garde-robe féminine, a construit une véritable légende. De mode et de femme. Fille de paysans, privée de mère et placée très rapidement à l'orphelinat chez les sœurs, elle grandit dans une pauvreté qui laisse une douloureuse empreinte. La jeune femme tentera par tous les moyens de s'arracher à cette condition qui pourtant forge son esthétique et son caractère.

Un tailleur unique

C'est dès le début des années 1910 que les premières vestes de tailleur Chanel apparaissent. Et leur principale caractéristique est d'allier chic et confort. Le but suprême ? Ne pas entraver le mouvement afin que les femmes puissent bouger, travailler, vivre sans contraintes. Les laines du tweed sont d'ailleurs moins lavées pour faire garder à la matière toute sa souplesse. Mais c'est la doublure qui est révolutionnaire. En soie, elle cache une chaînette qui donne du poids à la veste. Ainsi, sa ligne est toujours impeccable.

Un costume éternel

En 1954, Chanel rouvre sa maison de haute couture (fermée pendant la guerre) et présente une collection qui s'oppose directement au new-look de Christian Dior. Plus de taille marquée ni de hanches bombées, Chanel veut une silhouette plus étroite et plus confortable. Elle crée alors ce qu'elle appelle son costume : la veste en tweed aux 4 poches plaquées et aux boutons dorés, inspirée des vestes d'homme autrichiennes qu'elle voit à Salzbourg, et la jupe assortie. Une jupe qu'elle veut sous les genoux, qu'elle trouve trop vilains.

1960 : Coco Chanel en pleine discussion avec Annie Girardot, toutes deux en Chanel. Le tailleur de la marque française habille les élégantes de l'époque. Des femmes sûres de leur style et de leur féminité. Des filles Coco.

Le noir lui va si bien. Elle en a fait sa couleur fétiche. Coco Chanel est fidèle à cette non-couleur qu'elle trouve chic et ne se prive pas de l'embellir de bijoux qu'elle accumule toujours avec élégance.

Des vetements simples et pratiques

Coco Chanel apprend la couture dès l'âge de 18 ans et c'est en 1910, avec l'aide de son protecteur Arthur Capel, surnommé Boy, qu'elle ouvre sa première boutique à Paris, au 21 de la désormais mythique rue Cambon. La créatrice est alors modiste et vend aux élégantes des chapeaux qu'elle porte elle-même pour en faire la promotion. Mais, rapidement, Gabrielle se lance dans la haute couture. Sa conception du vêtement est simple et presque utilitaire. Elle invente une mode du besoin autant que de l'envie et casse les codes de l'habit traditionnel.
Le tissu étant encore rationné au sortir de la Première Guerre mondiale, elle impose le jersey tricot, réservé jusqu'alors aux vêtements d'homme et aux dessous.
Elle popularise le tweed et le port du pantalon, qui lui permettent de monter à cheval plus facilement. Petit à petit, elle se débarrasse du corset, trop contraignant.
La taille des femmes se libère, les coupes sont plus fluides et le mélange des genres fait mouche. Les femmes adoptent la coupe à la garçonne façon Coco et elle devient un véritable modèle. Le pyjama qu'elle porte de jour comme de nuit se propage, le tailleur-pantalon aussi, ainsi que la jupe plissée.

La petite robe noire

À Aubazine, l'abbaye cistercienne dans laquelle elle passe son enfance, Coco fait l'expérience du style. Sans le savoir encore, elle forge dès son plus jeune âge une esthétique bien particulière, celle du dépouillement et de la ligne qu'on retrouve dans ses créations. La légende veut que ce soient les costumes des religieuses qui lui aient inspiré cette affection pour le noir et blanc, un duo qui fut très tôt sa marque de fabrique. Mais c'est sans doute le noir qui va le mieux à Gabrielle. Elle le magnifie en créant la fameuse petite robe. Une robe toute simple, très élégante, qui se porte en toute occasion. Le noir qu'on réservait aux tenues de deuil devient un classique. Le magazine *Vogue* décrit la PRN pour les initiés comme l'uniforme de la femme moderne et la surnomme « la Ford de Chanel » en référence au géant américain de l'automobile.

Le N° 5

En 1921, Mademoiselle ajoute une corde à son arc en s'offrant un parfum d'éternité. Avec l'aide d'Ernest Beaux, un parfumeur français rencontré à Grasse qui œuvre pour la cour de Russie, elle imagine un « parfum de femme à odeur de femme » qui diffère des autres fragrances de l'époque par son mystère et sa rondeur. Aucune note n'est vraiment identifiable parmi les 80 composants de ce flacon de légende, ce qui fait son charme et son pouvoir d'attraction. L'histoire raconte que Beaux présenta à Chanel des échantillons numérotés de 1 à 5 et de 20 à 24. Elle aurait choisi le numéro 5 et décidé de lui laisser ce nom pour lui porter chance.

« L'élégance du vêtement, c'est la liberté de bouger. »

Coco Chanel

CHANEL EN 3 HITS

La petite veste noire

qu'elle portait elle-même et à laquelle Karl Lagerfeld a consacré une exposition de photos itinérante, présentée dans le monde entier.

Le sac 2.55

Il est né en février 1955, Chanel l'invente pour libérer les bras des femmes. Grâce à son anse ajustable, le 2.55 peut se porter en bandoulière et à l'épaule.

Le double C

Un logo reconnaissable entre mille. Il semblerait que ce soient encore les vitraux de l'abbaye d'Aubazine qui aient inspiré à Gabrielle ce motif éternel.

Le sac à main

ACCESSOIRE SOUVERAIN

« MON STYLE EST COMME UN COCKTAIL. JE NE SUIS PAS AUSSI APPRÊTÉE QU'UNE FRANÇAISE MAIS JE M'EN FICHE COMME UNE ANGLAISE. »

Jane Birkin

DES MODÈLES PHARES

Les grandes maisons de couture l'ont compris très tôt. En dédiant un sac à une star, elles en font un modèle culte qui ne quittera plus jamais le devant de la scène.
Le Birkin d'Hermès en est une preuve éclatante. Depuis sa création, en 1984, il fait toujours rêver. Il est né un peu par hasard, ce magnifique sac, cousu main. Dans un avion où le président d'Hermès, Jean-Louis Dumas, rencontre Jane Birkin. La chanteuse britannique participera même à l'élaboration des croquis de ce sac en cuir qui enflamme les circuits de la mode. Au même titre que le Kelly de la même maison qui, lui, aura mis plus de temps à décoller. Créé en 1935, il attendra la gloire jusqu'en 1956, où on le découvre au bras de la princesse de Monaco, Grace Kelly.
C'est au bras d'une autre princesse que Dior va marquer des points. Celle des cœurs, Lady Diana, hissée au rang d'icône dès ses premières apparitions, à qui Bernadette Chirac offre un sac lors d'un de ses passages à Paris. Le Lady Dior est devenu un must !

Ce sac de princesse a fait une entrée fracassante au bras de Grace Kelly, et deviendra le Kelly de la prestigieuse maison Hermès. Tout de cuir, il fut d'abord créé en grand format pour ranger l'équipement d'équitation.

JANE BIRKIN GRACE KELLY LADY DI JACKIE KENNEDY BRIGITTE BARDOT

Ils seraient peut-être devenus mythiques sans elles. Et elles sans eux. Toujours est-il que le mariage d'une star et de son sac à main consacre l'une et l'autre. Le Birkin ou le Kelly d'Hermès, le Jackie de Gucci ou le Lady Dior sont devenus des objets culte. L'accessoire indispensable de toutes les fashionistas de la planète. Chacun a son histoire et véhicule la petite musique de celles qui les ont fait entrer dans la légende.

Toujours en piste

Pas question pour ces grands classiques de prendre une retraite anticipée. On les revisite ou on les décline. Jean Paul Gaultier s'est occupé de l'avenir du Kelly en créant le Shoulder Kelly ou le Kelly Flat... Même chose pour le Jackie de Gucci, le sac emblématique de la marque qui a été revu et corrigé. Rebaptisé New Jackie, il a conservé le charme fou et l'élégance de l'ancienne First Lady. Quand elle découvre cette pièce d'un classicisme redoutable dans les ateliers de Gucci, Jackie Kennedy craque. Elle en commande six et en fait un de ses accessoires fétiches, sortant de l'ombre pour l'exposer en pleine lumière, ce sac aux couleurs glamour et aux matières précieuses. En python, en autruche ou en crocodile, le Jackie est sur orbite. Pour l'éternité.

Un cercle fermé

Avec Brigitte Bardot, on est toujours servi ! Même le sac Lancel qui lui est dédié ne la distraira pas un instant de la cause animale. Bien au contraire. Elle le dit elle-même, ce sac « est un changement de mentalité important dans l'industrie du luxe car sa fabrication ne nécessite ni produit chimique, ni l'emploi d'aucun animal. Celui-ci me ressemble, il n'est pas un cimetière ambulant qu'on accroche à son bras ». La chose est entendue...

Quand on rejoint le cercle très fermé de ces étoiles qui ont un sac à leur nom, c'est la consécration. Amal Alamuddin a gagné ses galons d'icône. La marque italienne Ballin vient de nommer l'une de ses pièces « Amal » en hommage à la superbe avocate qui est également la femme de George... *What else ?*

ROBERT REDFORD
L'ELEGANCE DU BLANC

BLANC À TOUT PRIX
Les souliers de Redford sont sobres et chics ! Leur couleur blanche s'associe parfaitement à son costume et termine le look avec élégance.

Francis Scott Fitzgerald nous a pris en otages ! Robert Redford a continué le job. Nous sommes tous les victimes consentantes des Années folles, du *jazz age* qui reviennent en permanence influencer les dress codes de chaque génération. Gatsby restera éternellement magnifique. Et nous, sous le charme de son costume en lin blanc. A priori, Robert Redford n'était pas destiné à briller sous les feux de la rampe. Mais le gamin de Santa Monica, où il est né dans une famille modeste, rêve d'ailleurs. Ailleurs, ce sera l'Europe, Paris, la France qu'il adore – il y a été décoré de la Légion d'honneur – puis New York et Hollywood. Où il joue désormais sur tous les tableaux. Devant et derrière la caméra.

Un véritable défilé de mode

Quand il endosse le costume impeccablement coupé de Gatsby, Redford a déjà quelques succès à son compteur. *Butch Cassidy et le Kid*, *L'Arnaque* ou *Nos plus belles années* ont marqué les esprits. *Gatsby le Magnifique* l'impose en dandy flamboyant qui fascine autant par son charisme que par ses tenues, copiées-collées sur le raffinement de l'époque. Les Années folles portent bien leur nom. Dans cette période d'entre-deux-guerres, tout est permis. On s'amuse, on dépense son argent. Les soirées sont somptueuses et Gatsby, un jeune millionnaire new-yorkais, profite du faste des années 1920. Et du glamour qui prend un aller simple pour les vestiaires féminins et masculins. On s'éclate en costume-cravate, en smoking ou en complet de lin blanc. Gatsby, c'est un véritable défilé de mode, signé en 1974 par Ralph Lauren. Puis par Brooks Brothers, la marque emblématique américaine, pour son remake en 2013. Les silhouettes sont chics. Intemporelles. La preuve, Gatsby est toujours là, avec sa veste blanche mythique. Furieusement actuel.

C'est l'ambassadeur du style preppy qui signe le costume trois-pièces blanc immaculé de Gatsby le Magnifique. Ralph Lauren a lancé une griffe en habillant Robert Redford. Brooks Brothers dessinera celui de Leonardo DiCaprio dans le remake de ce film culte.

Le masculin au féminin

LOOK ANDROGYNE

« J'AIME ÊTRE UNE FEMME DANS UN MONDE D'HOMMES. APRÈS TOUT, LES HOMMES NE PEUVENT PAS PORTER DE ROBES, MAIS NOUS, NOUS POUVONS PORTER DES PANTALONS. »

Whitney Houston

Page précédente :
en masculinisant la version féminine de son style et *vice versa*, Tilda Swinton brouille les pistes. Sauf celles qui mènent en haut des podiums.

UNE VESTE LÉGÈREMENT CINTRÉE
En épousant ou presque les contours de la taille, cette veste affine la silhouette en lui donnant un petit côté chic tout en restant fonctionnelle.

UN PANTALON DROIT
Il a enterré les pattes d'eph. Ce pantalon près du corps est la touche féminine apportée au costume masculin. Les hommes le portent, eux, bien moins ajusté !

TOUTES GÉNÉRATIONS CONFONDUES

Le look androgyne a de beaux jours devant lui. Près d'un siècle plus tard, il est toujours symbole d'une personnalité affirmée, d'une image de soi maîtrisée. Sans cesse revisité par les plus grands. L'actrice Tilda Swinton, mère de deux enfants, n'a jamais caché son goût pour la mode et entretient le mythe sans en avoir l'air. À la cinquantaine passée, l'irrésistible Anglaise peut tout se permettre. Et se permet tout. L'égérie de marques prestigieuses a fait de sa silhouette féminine conjuguée au masculin tout un art. Elle, aussi, restera dans l'inconscient collectif l'élégance intemporelle.

KATHARINE HEPBURN COCO CHANEL TILDA SWINTON

En affichant sa silhouette longiligne en pantalon, Katharine Hepburn brouille les pistes. Se fabriquant un genre en le transgressant. En mettant le masculin au féminin, elle façonne un style audacieux pour les années 1930, l'androgynie, qui, depuis, n'a cessé de hanter les podiums. Tilda Swinton en est devenue une icône. La belle Américaine et la non moins belle Anglaise portent parfaitement la culotte... En révolutionnant les codes, Katharine Hepburn entretient la confusion des genres. Quand elle débarque en costume-pantalon, Hollywood retient son souffle. Pas elle. Elle vivra comme elle l'a décidé. Le caractère est bien trempé.

Au pas de charge

Avec son bonnet d'aviateur sur des cheveux très courts, Miss Kate traverse l'existence au pas de charge. Refusant les conventions et les contraintes d'une robe à crinoline au large décolleté. Sa panoplie à elle, c'est une chemise à col relevé et un pantalon très large. Elle est sportive, célibataire et le restera toute sa vie, entretenant des passions adultères avec Howard Hughes ou Spencer Tracy. En ne cédant pas aux sirènes de la séduction en jupette, elle incarne une mode qui, sans qu'elle le sache, va devenir intemporelle et éternellement fashion. La preuve ? Ce look androgyne, Tilda Swinton en a fait une entrée en matière fracassante dans l'univers médiatique. En ne négligeant pas la carte de la séduction. Ses costumes-pantalon accentuent la féminité de l'actrice anglaise qui n'a jamais hésité à sacrifier ses cheveux sur l'autel de son look. Entretenant l'ambiguïté de sa masculinité, à l'instar de son idole et ami David Bowie.

Il ou elle ?

Les premières pierres de cette mode androgyne, qui séduit tant, ont été posées par les Années folles, annonciatrices d'un profond changement de société. Dans ces années 1920, Coco Chanel a été une des pionnières du style garçonne, en balançant les corsets et les crinolines par-dessus les barrières de la bienséance. Les femmes vont vivre en pantalon, les cheveux courts, revendiquant l'égalité des sexes. L'irréductible Katharine Hepburn va faire monter la pression d'un cran en adoptant définitivement le dress code masculin. Un style mixte pour lequel on ne renonce pas pour autant à sa féminité. Audacieux pour l'époque ! On était vite cataloguée – lesbienne, féministe, vieille fille acariâtre... La légende d'Hollywood ne baissera pas la tête. Ni les yeux. Ce qui ne l'empêchera pas d'être désirable, mais à sa manière.

MARLENE DIETRICH

LE COSTUME D'HOMME

CROQUIS
Tantôt femme fatale, tantôt garçon manqué, Marlene Dietrich alterne les envies et les styles. En cape et col fourrure, elle est incendiaire. En tailleur-pantalon, elle est carrément envoûtante.

Marlene Dietrich, ou cette femme plus que femme habillée en homme. Si la mode de la garçonne prospère dans les années 1920, la décennie suivante revient à des codes beaucoup plus féminins. Jupes et robes sont la norme et se déclinent même selon les heures de la journée. Pourtant, outre-Atlantique, une femme de tête persiste à porter le costume d'homme. Marlene Dietrich est la pionnière, les femmes ne tarderont pas à l'imiter. C'est dans le film *Cœurs brûlés*, sorti en 1930, que l'on aperçoit pour la première fois l'actrice habillée en homme. Veste et pantalon de smoking, lavallière et chemise blanche, le look est osé. Le rôle aussi. Une scène du film immortalise même un baiser entre l'actrice et une autre femme. Marlene Dietrich est divine d'élégance et d'insolence. Un mythe est né.

Le costume, nouvel idéal mode

Véritable femme libre et libérée, Marlene Dietrich adopte le costume d'homme dans sa vie personnelle et se révèle très pointilleuse. Les poignets des chemises toujours amidonnés doivent obligatoirement dépasser des manches de sa veste. Sans doute pour que l'on puisse admirer ses boutons de manchette, qu'elle choisissait en or et monogrammés. La taille du pantalon est un peu haute et un pli central structure la silhouette. La veste, quant à elle, est un peu cintrée et épaulée. Et, comme l'actrice ne fait pas les choses à moitié, c'est toute une panoplie qui accompagne son costume d'homme. Cravate, mocassins, béret et manteau long sont les incontournables de son vestiaire androgyne. Marlene Dietrich, si elle fait figure d'exception à l'époque, est une véritable source d'inspiration pour les créateurs. Yves Saint Laurent fera notamment du smoking une pièce indissociable du dressing féminin moderne.

Le pied sur sa berline, béret sur la tête, gants blancs dans une main, l'autre dans la poche, mocassins et tailleur-pantalon, Marlene Dietrich est une femme qui impose son style emprunté au vestiaire masculin. Avec assurance et élégance.

PGP.2330

CATHERINE DENEUVE

LA PETITE ROBE YVES SAINT LAURENT

Catherine Deneuve incarne depuis toujours le chic à la française, et plus particulièrement ce subtil amalgame du charme bourgeois et du glamour incendiaire. C'est aussi la femme d'un style, celui des années 1960 ; son image de femme-enfant ne l'empêche pas d'assumer un physique de femme fatale. Une ambiguïté que l'on retrouve dans la petite robe noire de *Belle de jour,* de Luis Buñuel, sorti en 1967.

Une robe et une rencontre

La tenue du personnage de Séverine dans *Belle de jour* est le symbole même de son ambivalence. Un peu stricte mais féminine. Simple mais mystérieuse. Michel Piccoli, qui donne la réplique à Catherine Deneuve dans le film, lui dit : « Cette robe vous donne l'air d'une étudiante précoce. » En effet, la robe ressemble à celle d'une écolière. La coupe est un peu évasée sur les hanches à l'image des années 1960. Une ceinture ton sur ton marque la taille. Le col chemise et les manchettes blanches en soie créent un effet de contraste. Avec cette petite robe noire qu'elle porte avec des escarpins Roger Vivier, c'est donc le feu et la glace que souffle Catherine Deneuve dans un film qui marque le début de son histoire de mode avec Yves Saint Laurent. Si la toute jeune actrice porte déjà les créations couture de Saint Laurent (elle raconte que c'est pour être présentée à la reine d'Angleterre qu'elle se paie de manière complètement déraisonnable sa première robe du créateur), c'est bien à la faveur du tournage de *Belle de jour* que les liens se créent pour de bon. Yves Saint Laurent, qui a réalisé plusieurs costumes du film, et l'actrice tombent sous le charme l'un de l'autre. C'est la naissance d'une amitié qui durera toute une vie.

Catherine Deneuve adopte la petite robe noire avec glamour. Ici, en *front row* d'un défilé Yves Saint Laurent, elle fait la preuve d'un chic français à toute épreuve. Queue de cheval impeccable, souliers Roger Vivier et subtile résille : l'actrice est parfaite.

YvesSaintLaurent

LA COIFFURE
Tirée à quatre épingles sans faire sévère, elle porte longtemps la queue de cheval ou la demi-queue. Une coiffure qui renforce son air juvénile.

LE VICHY
Si B.B. en est la plus belle instigatrice, le vichy se propage dans la garde-robe des filles des années 1960 à une vitesse folle. Pas étonnant donc de retrouver Catherine Deneuve dans une petite robe à carreaux bleu et blanc.

LE TRENCH
Celui des *Parapluies de Cherbourg*. Deneuve en sera l'ambassadrice frenchy. Il colle parfaitement à son image mutine, dans un esprit citadin qui lui va si bien.

LES SOULIERS PLATS
Pas vraiment adepte des stilettos, Catherine Deneuve se promène en kitten heels ou en souliers à brides plats. Le bout pointu est un must des sixties, omniprésent dans les collections contemporaines.

Une fille des sixties

Catherine Deneuve est le symbole même de la mode des années 1960. Dans ses films ou dans la vie, elle adopte les codes de l'époque et les fait siens. Sa robe dans *Les Demoiselles de Rochefort* est un exemple du genre. Coupe en A, jupe plissée et ouverture 3 trous, c'est la robe typique des sixties. Pour lui donner un côté girly, une immense capeline de couleur lui est associée – un chapeau dont les modeuses de l'époque raffolent. Même chose dans *Les Parapluies de Cherbourg* : Catherine Deneuve revêt un trench Burberry classique qui est alors le comble du chic. Le modèle est court sur les jambes et se porte ceinture détachée pour un effet plus décontracté. En dehors des plateaux de cinéma, la panoplie mode de Deneuve est assez complète : lunettes noires, col Claudine, petit pull en laine, ballerines ou kitten heels et Bikini forment la garde-robe parfaite. La mise en beauté de l'actrice fait également preuve d'un style très sixties : le ruban dont elle orne souvent ses cheveux lui donne l'air d'une jeune fille de bonne famille tout en gardant un côté espiègle, comme la frange qu'elle adopte un temps. Le trait d'eye-liner ou le khôl qui habillent ses yeux lui offrent, quant à eux, un regard résolument glamour. Il en est de même pour sa bouche, qu'elle maquille parfois d'un rouge brillant.

Une allure aristo

Mais Deneuve, ce n'est pas uniquement un joli minois, c'est aussi un charisme légendaire et un style qui en impose, notamment grâce à une garde-robe qui répond à des codes assez bourgeois. Les manteaux de fourrure (qui lui valent les foudres de Brigitte Bardot), l'imprimé léopard et les bijoux font partie de ses indispensables et contribuent à lui conférer une allure altière. Une image qui colle parfaitement à son statut d'égérie Chanel. En effet, l'actrice est, pendant dix ans, le visage du parfum le plus légendaire de l'Histoire : N° 5. Photographiée par Helmut Newton et Richard Avedon, elle est l'une des premières actrices françaises à faire de la pub aux États-Unis, ce qui contribue à augmenter sa popularité à l'étranger. Sa chevelure est d'ailleurs l'un de ses plus beaux accessoires : son blond aurait été inventé dans les années 1960 par Maria et Rosy Carita, et Catherine Deneuve l'adore. Elle explique même qu'il lui semble avoir toujours été blonde. Elle se coiffe souvent en un savant brushing, volumineux mais pas trop, une signature capillaire qui la fait entrer dans le cercle glamour des égéries L'Oréal. Enfin, la cigarette à laquelle elle est accro est devenue, au fil du temps, un de ses fétiches. Le geste lui donne un air élégant et un peu rebelle. Catherine Deneuve, éternelle aristo cool.

« C'est une femme qui a un charme et un cœur merveilleux. Pour moi, elle est la plus grande star mondiale. »

Yves Saint Laurent

DENEUVE EN 3 CRÉATEURS

Yves Saint Laurent

Sans être véritablement sa muse, Deneuve est une amie intime du créateur depuis leur rencontre sur le tournage de *Belle de jour*. L'actrice lui est restée très fidèle, a participé à son dernier défilé haute couture et assiste toujours au show prêt-à-porter.

Roger Vivier

En 1967, toujours dans *Belle de jour*, l'actrice porte les escarpins à boucle baptisés Belle, créés pour la collection « Mondrian » d'Yves Saint Laurent, et devient l'ambassadrice du chausseur star de l'époque.

Chanel

Pendant dix ans, Catherine Deneuve est le visage du parfum N° 5. Elle murmure en anglais dans des spots publicitaires pour les États-Unis les slogans de la marque. Le plus connu : « Vous n'avez pas besoin de demander, il sait ce que vous voulez. »

GRACE KELLY
SA ROBE DE MARIEE

TISSU DE CHOIX
La matière : du taffetas de tulle et de soie couleur ivoire. Un choix précieux qui permet à la jupe de se tenir tout en étant assez fluide.

La princesse Grace est une icône. Sa carrière, son mariage, son destin la rendent unique. Tout comme son sens du style. Star des années 1950, elle est le symbole même du glamour hollywoodien. Féminine, élégante, elle est cette beauté froide qui illumine les films d'Alfred Hitchcock et enflamme le cœur du prince Rainier. Et si ses tenues sont une source d'inspiration pour toutes les femmes de l'époque, l'une d'entre elles reste dans les mémoires. Peut-être la plus chargée en émotion : sa robe de mariée.

Une robe de princesse

Grace Kelly n'a que 26 ans lorsqu'elle épouse le prince Rainier III et devient princesse de Monaco après avoir été star de cinéma. Comme le veut alors la tradition, c'est la société de production à laquelle elle est attachée qui lui offre sa robe de mariée. La Metro Goldwyn Mayer lui fait donc cadeau d'une création de la costumière Helen Rose, une robe en taffetas de soie et de tulle composée d'une jupe de faille ivoire soutenue par trois jupons et d'un corsage à manches longues et col rond en dentelle de Bruxelles entièrement rebrodé et orné de perles. La robe a voyagé depuis les États-Unis dans une boîte en acier pour la préserver des regards curieux, et c'est donc le jour même du mariage que la foule découvre cette tenue désormais culte et qui n'a pas l'air de se démoder. Près de cinquante ans plus tard, la future duchesse de Cambridge, Kate Middleton, s'inspire de la robe de mariée de la princesse Grace pour élaborer la sienne. On y retrouve le même principe de corsage ajusté en dentelle.

L'une des plus jolies mariées de l'Histoire et l'une des plus jolies robes aussi. Elle en inspira d'ailleurs bien d'autres. La plus connue : Kate Middleton.

Un vestiaire bourgeois

GRACE KELLY EN 3 STYLES

Riviera girl

Grace Kelly adopte le style *made in* Monaco, qui fait fureur dans le sud de la France. Pantalon Capri, ballerines, lunettes de soleil papillon et Bikini, elle est cette princesse starlette qui se balade sur la Croisette.

Star hollywoodienne

Grace Kelly est une icône hollywoodienne dans le sens le plus glamour du terme. Elle est l'actrice préférée d'Edith Head, la costumière star de l'époque, qui lui fait porter des robes toutes plus belles les unes que les autres. L'ensemble composé d'un corsage noir très décolleté et d'une jupe bouffante blanche de *Fenêtre sur cour* restera dans les annales du cinéma.

Princesse bourgeoise

Fourrures, tailleur en laine, foulard autour de la chevelure, trench-coat, collier de perles, sac Hermès, Grace Kelly est aussi cette mère de famille à l'allure bourgeoise qui doit s'adapter aux codes mode de son rang. Vêtements de créateurs dans une veine très classique et accessoires luxueux sont donc de mise.

Élégante et altière, Grace Kelly n'est pas une excentrique. Elle a parfaitement intégré les codes de la mode des années 1950 et porte la toilette avec chic et naturel. La robe new-look inventée par Christian Dior, serrée à la taille et bouffante sur les hanches, lui va à ravir et forge son image de poupée au regard bleu acier. En dehors des robes, Grace Kelly est assez classique. Elle porte le twin-set et le pantalon Capri. Les mocassins Gucci sont également un de ses indispensables. Marc Bohan qui dirige la maison Dior de 1961 à 1989 devient son couturier fétiche. Elle commande ses tailleurs en laine sur mesure et raffole aussi des accessoires de la maison, notamment les chapeaux. La couleur préférée de la princesse est le vert, qu'elle porte dans toutes ses déclinaisons. En 1955, elle remporte l'oscar de la meilleure actrice dans une robe vert d'eau signée Edith Head.

Fan d'accessoires

La princesse, en bonne fan de mode, est friande d'accessoires. Les chapeaux, notamment, ont sa préférence. Toque, bibi ou capeline, elle les porte volontiers pour accompagner ses tenues habillées. Un large chapeau blanc causera d'ailleurs une petite déception en 1956. Grace Kelly descend du bateau qui l'amène des États-Unis pour son mariage avec le prince Rainier. Sur le port de Monaco, des centaines de personnes l'attendent ; la future princesse salue de la main. Hélas ! l'immense capeline très new-look qu'elle porte lui cache le visage, au grand dam des Monégasques. Mais les chapeaux ne sont pas son seul péché mignon. Dès 1954, Grace Kelly se prend de passion pour un sac qui finira par porter son nom. En marge du tournage de *La Main au collet*, Edith Head, la costumière du film, recherche des accessoires qui pourraient compléter la garde-robe de Frances, interprétée par Grace Kelly. Ensemble, les deux femmes tombent en admiration devant une vitrine Hermès. L'objet de leur émerveillement ? Le sac Haut à Courroies, créé dans les années 1930 par la maison française. Grace Kelly l'adopte immédiatement et le porte en toute occasion, allant même jusqu'à le positionner subtilement devant son ventre pour dissimuler sa première grossesse aux paparazzis. La photo fait la une du magazine *Life* et le sac devient culte. Les femmes accourent chez Hermès demander un sac Kelly. Près de vingt ans plus tard, la maison lui donne définitivement ce nom. Parmi les accessoires qui font également le style Grace Kelly, on retrouve les lunettes de soleil, qu'elle porte rondes ou papillon et le plus souvent à écailles, et les bijoux. Forcément, les princesses ont des parures et Grace Kelly ne fait pas exception. Sa bague de fiançailles est signée Cartier. Elle est en diamant et platine. Mais c'est la parure Van Cleef & Arpels en perles et diamants offerte par Rainier qu'elle affectionne particulièrement.

> « Votre robe doit être assez ajustée pour montrer que vous êtes une femme et assez détendue pour montrer que vous êtes une lady. »
>
> Grace Kelly

LA COIFFURE
Si la tenue est un brin casual, voire un peu masculine, la coiffure, elle, trahit la beauté froide de Grace. Brushing impeccable, crinière tirée vers l'arrière, la dégaine hitchcockienne n'est jamais très loin.

LA CHEMISE
Un peu tomboy. Grace Kelly est définitivement une actrice bien dans son époque. Manches relevées et décolleté ouvert, elle n'oublie pas de cintrer sa taille. Féminine toujours.

LE PANTALON
Court sur les chevilles et haut à la taille comme le veut la coupe des années 1950 puis 1960, le pantalon est alors le vêtement des femmes modernes. Mains dans les poches, Grace Kelly fait la preuve d'une allure moins stricte que celle du protocole princier. Princesse fashion !

LES MOCASSINS
Souvent Gucci. Ils sont chics, classiques et un peu masculins, ce qui donnent un twist intéressant à la beauté fatale de la princesse Grace.

Les parures

UN GOÛT D'ÉTERNITÉ

« LIZ NE CONNAÎT QU'UN SEUL MOT EN ITALIEN, C'EST BULGARI. »

Richard Burton

LES « 4 C » DU DIAMANT

Les 4 C constituent un ensemble de critères déterminant la valeur d'un diamant. « C » comme carat : le poids du diamant s'apprécie en carats, 1 carat équivalant à 0,20 g. « C » comme *cut* (taille) : la taille révèle l'éclat de la pierre. Elle a un impact primordial sur la beauté et la valeur du bijou, car un diamant mal taillé, même s'il est pur, apparaîtra terne. Parmi les formes les plus courantes : la taille ronde, la taille princesse (carrée), la taille ovale, la taille coussin (carrée ou rectangulaire arrondie aux angles), la taille émeraude. Le troisième « C », pour *clarity* (pureté) : la pureté du diamant se mesure à son nombre d'inclusions, imperfections naturelles de la pierre. Les diamants sont jugés d'une pureté exceptionnelle si aucune inclusion n'est visible à la loupe grossissant dix fois. Enfin, « C » comme *color* (couleur) : plus un diamant est incolore, plus il a de valeur, la moindre teinte lui ôtant sa brillance.

UN CADEAU ÉTINCELANT
Cadeau de mariage de Burton à Taylor, ce collier serti de 16 émeraudes et de diamants est à l'image du couple le plus tumultueux des années 1960. En joaillerie, luxe et démesure font bon ménage. On ne pourra pas en dire autant de la paire d'acteurs.

ELIZABETH TAYLOR GRACE KELLY LADY DI

Taylor et Burton se rencontrent à Rome en 1961, sur le tournage de *Cléopâtre*. Leur idylle naît aussitôt. Entre deux scènes, les amants rendent régulièrement visite au grand joaillier italien Bulgari, qui tient boutique sur la via Condotti. Le couple y retournera à plusieurs reprises au cours des années 1960. Le premier bijou que Burton offre à Liz Taylor est une superbe bague en platine avec une émeraude octogonale sertie de douze diamants taille poire. En 1964, il lui fait cadeau, pour leur mariage, d'un magnifique collier orné de 16 émeraudes, chacune s'entourant de diamants. L'actrice étoffe sa parure d'un bracelet, d'une paire de boucles d'oreilles et d'une broche à motifs floraux, qu'elle porte à l'occasion comme accessoire pour cheveux. En 1972, Burton lui offre, pour son quarantième anniversaire, un somptueux sautoir en platine avec saphirs et diamants, toujours de Bulgari. Elizabeth Taylor, dont la passion pour la joaillerie est proverbiale, lui consacrera en 2002 un livre dont le titre se traduit par *Mon histoire d'amour avec les bijoux*. La maison Bulgari a racheté sa collection après son décès et l'expose régulièrement.

Garrard, le joailler de la Couronne

Sur décret de la reine Victoria, en 1843, la Couronne britannique a pour joaillier officiel la maison Garrard. La princesse Diana ne se trompe donc pas quand elle se rend, en 1981, chez ce grand bijoutier pour choisir, avec Charles, sa bague de fiançailles. Mais elle commet un impair qui provoque la colère de la reine : au lieu de commander une pièce unique, comme le veut le protocole, elle achète un modèle exposé en vitrine. Il faut admettre que la bague est fabuleuse : c'est un saphir de Ceylan de 18 carats, rehaussé de 14 petits diamants. Lady Di restera profondément attachée à cette bague, qu'elle continuera de porter même après son divorce. Le joyau iconique orne désormais la main de Kate Middleton : il lui a été offert par le prince William pour leurs fiançailles.

Grace Kelly et Cartier

Grace Kelly est pour sa part la plus belle ambassadrice de la maison Cartier. Depuis la signature d'un contrat en 1920 entre le prince Albert Ier et le joaillier français, c'est d'ailleurs toute la principauté de Monaco qui est liée à cette maison. Lors de ses fiançailles, en janvier 1956, Grace Kelly reçoit du prince Rainier son premier bijou Cartier : il s'agit d'une bague en platine sertie d'un diamant taille émeraude de 10,47 carats, orné de part et d'autre de deux brillants taille baquette. Elle acquiert par la suite un collier à 3 rangs de diamants, un somptueux diadème arborant 3 broches de rubis et diamants, une broche représentant un caniche comportant 270 diamants montés sur platine, et une autre, plus originale encore, figurant une poule, en perles, diamants et pierres précieuses. Pour son dernier film, *Haute Société*, la princesse a exigé de porter sa bague de fiançailles : l'actrice apparaît dans une scène s'étirant sur un lit, frottant le bijou avec le coin d'un drap de soie. Ses parures ont été rééditées par la maison Cartier à l'occasion du film *Grace de Monaco*, d'Olivier Dahan, sorti en 2014.

JACKIE KENNEDY

LE TAILLEUR ROSE

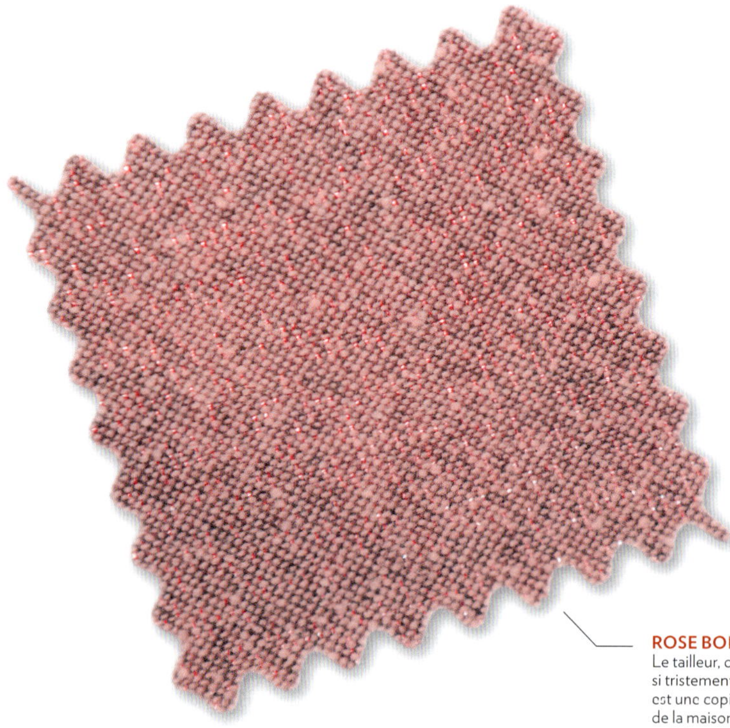

ROSE BONBON
Le tailleur, devenu si tristement célèbre, est une copie officielle de la maison Chanel, en lainage bouclette et à la couleur rose bonbon, si joyeuse…

Elle était si jolie, la première dame *made in USA*, dans son tailleur rose au col bleu marine, sous le beau soleil de Dallas, ce 22 novembre 1963. Venue soutenir son mari, John F. Kennedy, en tournée électorale, Jackie rayonne au côté du président des États-Unis. Plus pour longtemps. L'histoire s'arrête à 12 h 30 de deux balles qui atteignent et tuent JFK.

Rose sang

Personne n'a pu oublier les images de la First Lady sur le capot de la voiture, en tailleur taché du sang de son époux. Un tailleur joyeux qui devient en quelques heures le symbole d'une terrible tragédie. L'Amérique est sous le choc. Jackie, elle, refuse de se changer lors de sa première apparition en public après le drame « pour les laisser voir ce qu'ils ont fait ». Le tailleur rose bonbon est définitivement associé à la détresse de la jeune femme, veuve du 35e président des États-Unis. Élevée dans la haute bourgeoisie new-yorkaise, Jacqueline Bouvier, qui n'est pas encore Jackie Kennedy, part pour Paris étudier la littérature française qui la passionne. Quelques diplômes plus tard, elle retourne aux États-Unis, marquée pour toujours par la *French way of life* et le chic de l'Hexagone.

Une copie officielle de Chanel

Le tristement célèbre tailleur rose bonbon en est une parfaite illustration. Réalisé par une boutique de luxe, *Chez Ninon*, sur Park Avenue, il est une copie officielle de la maison Chanel dont Jackie est une fidèle cliente. Et reste le modèle le plus revisité du prestigieux établissement. Personne n'a jamais revu le vêtement rose bonbon de Dallas. Il est conservé aux Archives nationales, dans le Maryland. À l'abri des regards. Au moins jusqu'en 2103, voire ad vitam aeternam, comme l'a décidé Caroline Kennedy en expliquant : « Moi vivante, cette tenue ne reverra pas la lumière du jour. » Une tenue qui, en entrant dans l'Histoire, est retournée dans l'ombre.

À Dallas, en ce mois de novembre 1963, ils ne le savaient pas encore mais c'était la dernière fois qu'ils poseraient ensemble. Le rêve américain tourne très vite au cauchemar.

26000.

So chic...

Qu'elle soit Jacqueline Bouvier, Jackie Kennedy ou Jackie Onassis, elle a avant tout imposé un style. Le sien. Qui se répercute encore aujourd'hui sur les premières dames, les princesses ou les artistes. C'est un chic intemporel que la First Lady va imposer à la Maison-Blanche et à toute la planète. Elle est *made in USA*, certes, mais rompue à l'élégance européenne et parisienne qu'elle importe outre-Atlantique et qui lui revient comme un boomerang. Jamais Jackie ne cessera d'inspirer ceux qui l'inspirent, elle.

La fashion victim

Elle incarne, bien avant l'heure, *la* fashion victim. Une pasionaria des podiums qui reflète ce que l'Amérique a décidé de montrer au monde entier, à l'époque : un vent de liberté, une jeunesse poussée par l'avènement des sixties. Bref. La First Lady est en adéquation avec son temps. Donne le tempo. Et le monde entier la suit. Du tailleur Chanel à la minijupe de Mary Quant en passant par les tongs, voire l'emblématique collier de perles noires qu'elle portait le jour où son mari a annoncé sa candidature à l'élection présidentielle de 1960, Jackie invente une silhouette conforme à son idéal d'élégance et de simplicité. Avec un tout petit supplément d'âme... Sur la plage et les pieds nus, en pantalon de crêpe sur la Cinquième Avenue, Jackie bouscule les modes, les genres. Et, de Milan à Paris, on en fait une icône.

Très tendance

Si Jackie est un peu le porte-drapeau des grands couturiers français et italiens, elle fait le plus souvent appel au styliste américain Oleq Cassini qui créa pour elle plus de 300 modèles. Givenchy, Balenciaga, Christian Lacroix, ou encore Valentino, tous répondent présents dans son dressing. Les vêtements sont tendance, les accessoires également. Aujourd'hui encore, et plus de cinquante ans après avoir été lancées par Jackie, ses lunettes XXL, ou lunettes mouche, sont toujours d'actualité. Ses sacs à main Gucci, ses bibis qui n'ont rien à voir avec ceux de la reine d'Angleterre, ses ballerines de toutes les couleurs, ses carrés de soie Hermès noués autour de la tête donnent un *la* bien particulier à une mode qu'elle contrôle. Qu'elle impose.

For ever

Jamais la First Lady qu'elle fut un temps ne cessera d'être associée à son tragique tailleur rose bonbon de Dallas. Pourtant, quand on l'observait sur le bateau de l'armateur grec Aristote Onassis, qu'elle épousa quatre ans plus tard en prétendant qu'il « était beau comme Crésus », on savait. Jackie, qui restera Kennedy pour toujours, incarnait le chic et le sophistiqué. Jamais bling-bling. Éternelle...

JACKIE KENNEDY EN 3 DÉTAILS

Collier

Le collier de perles noires que la First Lady porte le jour où son mari annonce sa candidature à l'élection présidentielle de 1960 devient un mythe.

Lunettes

Les lunettes surdimensionnées, avec lesquelles Jackie Kennedy donne le ton et lance la mode des XXL, toujours dans la course aujourd'hui.

Boutons de manchette

Ses boutons de manchette en or martelés font eux aussi partie intégrante de la panoplie Jackie.

Jackie n'est plus une First Lady depuis longtemps mais le restera éternellement pour le monde entier et celui de la mode. En tant que Jackie Onassis, elle adopte un style plus libéré, mais toujours aussi pointu !

TAXIS

MICHAEL JACKSON

ELVIS PRESLEY

MADONNA

CHER

LADY GAGA

DITA VON TEESE

FRIDA KAHLO

LOUISE BROOKS

COCO CHANEL

KATE MOSS

FARRAH FAWCETT

AMY WINEHOUSE

FRANÇOISE HARDY

DAVID BOWIE

STROMAE

Inimitables

Audacieux, ils ont fait de la prise de risque stylistique un véritable credo. Sans y penser vraiment, ils se sont créé une allure unique. Forte personnalité et destin hors normes, ils empruntent des chemins de traverse qui fondent leur mythe personnel. Et cette excentricité va de pair avec des vêtements inclassables qui ne conviennent souvent qu'à eux. Parce qu'ils osent imposer un look, ils en font parfois trop. Mais avec sincérité et élégance. On leur pardonne la moindre faute de goût car le goût, chez eux, prend une autre dimension : esthétique, sociale, voire politique. Madonna, Michael Jackson, Lady Gaga ou Frida Kahlo, ces artistes sont à l'image de leur style : inimitables.

MICHAEL JACKSON

LE COSTARD

MÉLANGE DES GENRES
D'extérieur, cette veste noire à simple bouton que MJ portait en 1997 lors d'une interview avec Barbara Walters a tout d'ordinaire… À l'intérieur, la doublure est faite d'un tissu africain extrêmement coloré créant un contraste choc dès que la veste s'ouvre !

FAUSSE SOBRIÉTÉ
À ce costume noir taillé sur mesure, on a cousu plusieurs centaines de perles et brodé une couronne argentée sur la poitrine. Le résultat est du pur Jackson : la veste brille de mille feux !

Une dégaine élancée, des cases qui s'éclairent sur le trottoir et une mélodie qui va bientôt entrer dans la mémoire de toute une génération d'ados en ébullition. En 1983, *Billie Jean* est à la fois un tube planétaire et un petit bijou de clip vidéo dans lequel Michael Jackson fait la preuve d'un style affirmé. Et c'est avec son fameux tailleur-pantalon que le tout jeune roi de la pop fait son entrée dans la cour des grands. Comme à son habitude en matière de mode, Michael Jackson ne fait pas dans le classique et apporte un twist bien à lui à chacun de ses costumes.

Le B.A.-BA du costume

Dans le clip de *Billie Jean*, il est en cuir noir. Une petite révolution mode. On découvre également un pantalon 7/8 bien court sur les chevilles qui laisse admirer des chaussettes blanches et des derbies vernies black and white. Un détail qui va devenir récurrent et qui n'a qu'un but : focaliser le regard du spectateur sur les pieds du chanteur afin de profiter de ses inimitables pas de danse. Même chose pour la ligne blanche verticale qui marque parfois son pantalon des hanches à la cheville. Très vite, le costume devient un incontournable du vestiaire Jackson. On le retrouve en blanc dans le clip de *Smooth Criminal* accompagné d'un Fedora en hommage à Fred Astaire, mais il le porte aussi façon smoking en noir et blanc avec une pointe de glitter, toujours pour attirer l'attention au bon endroit. Plus tard, il transforme la veste et s'inspire du vestiaire militaire. Galons scintillants, épaules oversize et pompons dorés ajoutent une touche kitsch et flamboyante au vestiaire de l'artiste.

Billie Jean, le clip qui marque l'avènement du look ultra-stylé du King of Pop. Chez lui, le costard est tout sauf classique : cuir, sequins, pantalon très slim…

Quand MJ entre en scène, ses tenues en mettent plein la vue ! Fan de blousons, Jackson ne passe pas inaperçu avec son *army jacket* revisitée. Elle est excentrique : épaulettes, macarons, sequins et même fausses munitions...

Comme un gant

Michael Jackson est célèbre pour avoir fait de certaines pièces de véritables icônes de style. C'est le cas de ce fameux gant blanc porté la première fois en 1983 lors d'un concert célébrant les 25 ans de la Motown, sa maison de production. La légende veut que Michael Jackson se soit inspiré du gant blanc que portait un technicien pour faire défiler les bobines de film lors du montage d'une publicité. Le chanteur demande alors au monteur de lui prêter un exemplaire qu'il adopte immédiatement. Plus tard, ce gant sera serti de 1 200 cristaux brodés à la main afin de mieux refléter la lumière. Toujours un peu énigmatique, Michael Jackson a souvent été interrogé sur le fait de ne porter qu'un seul gant. Il répondait : « C'est plus cool qu'avec deux. » Mystère donc. Mais il y a fort à parier que cette excentricité ne soit qu'un moyen de plus de construire un style unique au monde et reconnaissable entre tous. Quoi qu'il en soit, lors de ce concert anniversaire, la star entame son tube du moment, *Billie Jean*, et esquisse le premier moonwalk de son histoire. Un moment d'anthologie.

MICHAEL JACKSON EN 3 CLIPS

Thriller

C'est le clip fondateur de la mythologie Jackson. Look rouge et noir, pantalon court, blouson de cuir, mocassins et chaussettes blanches : tout l'attirail du King of Pop est déjà présent.

Smooth Criminal

Le costume-cravate le plus connu de Michael Jackson. Il le porte blanc avec un chapeau en hommage à son idole Fred Astaire. Même chose dans le clip de *You Rock My World*, sauf que le costume est noir.

Bad

Réalisé par Martin Scorsese, *Bad* met en scène un Michael Jackson rebelle. Blouson de cuir noir, slim et boots à boucles, le look est à la limite de l'androgynie. Un style all black que l'on retrouve dans le clip de *Scream*.

Des blousons culte

Bien sûr, il y a celui de *Thriller*. Un blouson inoubliable indissociable du clip le plus connu de toute la carrière de Michael Jackson, sorti en 1982. Près de 14 minutes de pur chef-d'œuvre qui mettent en scène un artiste complet et en grande forme. Le blouson rouge qu'il porte et avec lequel il réalise sa mythique chorégraphie ne tarde pas à devenir complètement culte. Car ce blouson revoit les codes du genre : plus moderne, plus original, plus remarquable que les modèles en cuir noir de l'époque, il possède une coupe quasiment futuriste avec des épaulettes en 3D et une bande noire qui trace un V sur le torse. Deux pièces dessinées par Deborah Landis, la femme du réalisateur, ont été utilisées pour tourner le clip. En 1984, Michael Jackson engage des poursuites pour empêcher la reproduction illégale du blouson. En 2011, l'un des deux exemplaires est vendu aux enchères pour la somme de 1,8 million de dollars. Mais après *Thriller*, Michael Jackson n'en a pas fini avec les blousons. Dans le clip de *Beat It*, il porte un modèle en cuir toujours rouge mais plus traditionnel, si ce n'est toutes les fermetures Éclair qu'il comprend. Enfin, pour le clip de *Bad*, Michael Jackson vire mauvais garçon avec un blouson en cuir noir à boucles argentées. Bref, le blouson, très en vogue dans les années 1980, devient une véritable signature. Les jeunes de l'époque ne s'y trompent pas et l'adoptent à l'unanimité.

> « Avec Michael, rien n'est banal... Il lui arrive de m'appeler à 4 heures du matin en me demandant de venir le voir parce qu'il veut parler de vêtements. »
>
> Michael Bush, costumier de Michael Jackson

ELVIS PRESLEY
SA COMBINAISON

Photographié en plein déhanché, le rockeur a revêtu l'une de ses combinaisons les plus mythiques : blanche, brodée de joyaux, pattes d'éléphant, cape à l'arrière, gros ceinturon et méga décolleté !

Elvis, sa banane, sa moue boudeuse, son déhanché et... sa combinaison. Il est le seul artiste à avoir déclenché des hystéries collectives habillé d'une combinaison en cuir. L'Elvis des seventies est un sex-symbol adulé qui en fait des tonnes sur un style un peu bling, un peu disco, un peu sexy. Un mélange des genres que ses fans adorent et qui le fait rentrer dans la catégorie des chanteurs lookés.

Autre époque, autre look

Au début de sa carrière Elvis Presley n'est pas encore ce monstre sacré du rock'n'roll qui moule sa carrure imposante dans des combis serrées. Allure de minet et style rockabilly, l'Elvis des années 1950 et 1960 est plutôt en jean, blouson ou veste de cuir, chemise et mocassins. Mais les années 1970 et la discomania signent un changement de look radical. C'est l'époque du cuir à gogo et de cette fameuse combinaison qui ne va plus le quitter. En noir ou en blanc, en cuir ou en tissu, la combi d'Elvis est son nouveau toc mode. La plus emblématique est la combinaison dite Aloha, portée par le chanteur lors de son mythique concert à Hawaii en 1973. Le vêtement est blanc, il possède un grand col pointu relevé sur la nuque, un décolleté plongeant en V, des jambes évasées, et des broderies en strass bleu et rouge figurant des aigles américains. Si les dessins des combinaisons sont variés, animaux et motifs amérindiens reviennent souvent. La combi *made in* Elvis est donc très travaillée, un peu provocatrice et carrément sexy. Elle met l'accent sur les hanches du King, qui font des émules parmi la foule. Une adoration qui se poursuit de nos jours : en 2014, la combinaison brodée d'un paon bleu qu'Elvis avait portée lors d'un concert à Las Vegas à la fin de sa carrière est estimée à 200 000 dollars. La raison de ce prix exorbitant ? La présence de traces de transpiration. Preuve que la folie Elvis n'est pas près de s'arrêter.

DÉCOLLETÉ PLONGEANT ET MAXI PATTES D'EPH
La combi façon Elvis a un décolleté ultra-profond, qu'il habille parfois d'un foulard coloré, et le pantalon se porte en version pattes d'éléphant. Un look près du corps, et disco !

PRINCE D'ARABIE
Portée par le King lors d'un concert en 1974, cette combinaison fut baptisée *the Arabian Suit*. Les larges broderies bleu et doré agrémentées de quelques joyaux qui parent l'encolure, le dos et le côté des jambes ne peuvent que rappeler les pays d'Arabie...

LADY DI

LE SAC LADY DIOR

LE CUIR
Surpiqué, il témoigne du merveilleux savoir-faire de la maison Dior.

LE MOTIF CANNAGE
Une idée de Christian Dior lui-même. Le créateur fut inspiré par les chaises Napoléon III des salons de sa maison de couture avenue Montaigne destinées aux invitées de ses défilés dont l'assise étaient faite de joncs entrelacés.

4 LETTRES TINTINNABULENT
Sur un des côtés de l'anse : D.I.O.R.
Le goût pour les charms ne se limitent pas aux années 1990.

Princesse des cœurs et reine du style, Lady Di est de celles qui donnent leur nom à un best-seller. Et c'est l'une des plus belles maisons françaises qui lui en a fait la demande : Christian Dior. L'histoire commence en 1995. La princesse de Galles est en visite en France. La première dame de l'époque, Bernadette Chirac, la reçoit à l'occasion de l'exposition consacrée au peintre Cézanne qui se tient au Grand Palais. En guise de cadeau officiel, Madame Chirac a l'idée d'offrir à Lady Diana le dernier-né de la maison Dior : un sac compact, pratique et extrêmement chic. C'est alors Gianfranco Ferré qui est à la tête de la direction artistique de la griffe. Il imagine un modèle fidèle aux codes historiques de la marque. Motif cannage, cuir en surpiqûre et lettres en charms, ce qui allait bientôt devenir le Lady Dior avait déjà tout du vrai It Bag. Le cadeau fait mouche. Lady Di tombe sous le charme de ce sac à l'élégance si française qui correspond pourtant parfaitement à son style british que la presse de l'époque a baptisé *classic with a twist*. De retour à Londres, elle le commande dans tous les coloris et le porte lors de nombreuses sorties officielles. Diana est alors au sommet de sa popularité, chacune de ses apparitions est scrutée à la loupe, ses looks sont minutieusement décortiqués et le Dior de Lady Di devient culte. En 1996, la maison demande à la princesse d'utiliser son nom et rebaptise le sac. Il devient : le Lady Dior. Le succès, depuis, ne s'est pas démenti. Présent dans toutes les collections de la maison et ce en toute saison, le Lady Dior reste un incontournable.

De sortie avec son sac Dior qu'elle ne quitte plus, Lady Di fait sensation ! Ici, en noir et grand modèle, le Lady Dior est parfaitement assorti à la tenue de la princesse.

Une princesse spectaculaire

LADY DI EN 3 ROBES

1982

Diana sort de la maternité accompagnée du prince Charles, William dans les bras. Sa robe vert d'eau à pois blancs masque ses rondeurs de grossesse. Clin d'œil au passé, conscient ou inconscient, c'est dans une robe à pois blancs que Kate Middleton sort de la maternité après avoir donné naissance au prince George, 31 ans plus tard.

1989

Lady Di surnomme une de ses robes préférées l'« Elvis Dress ». C'est une robe blanche bustier entièrement brodée de perles, accompagnée d'un boléro au col relevé façon Elvis. Elle l'aime tant qu'elle la porte à plusieurs reprises ; aux British Fashion Awards mais aussi en visites officielles.

1994

Le prince Charles avoue ses infidélités à la télévision. Pendant ce temps, Diana a un engagement officiel à la Serpentine Gallery. Elle y va vêtue d'une robe signée Christina Stambolian. Courte, noire et découvrant épaules et décolleté, c'est sans doute la robe la plus sexy de Lady Di. Les observateurs sont émerveillés. La robe devient la « Revenge Dress ».

Lorsqu'on pense à Lady Di, c'est forcément son mariage et sa spectaculaire robe de mariée qui nous viennent à l'esprit. En 1981, Diana Spencer épouse le prince Charles dans une robe dessinée par les couturiers britanniques David et Elizabeth Emanuel. C'est Diana elle-même qui les a choisis. Ils racontent dans un entretien à la BBC : « Tous les couturiers voulaient s'occuper d'elle. Nous avons reçu un simple coup de fil de Diana qui nous demandait si nous pouvions faire sa robe de mariée. » En réalité, la princesse est déjà familière du travail des Emanuel. Elle avait particulièrement apprécié une chemise en chiffon qu'ils lui avaient dessinée pour une séance photo officielle. Ensemble, les créateurs et la princesse vont donc donner naissance à une robe grandiose à manches ballons et col à volants en taffetas de soie et dentelle entièrement rebrodée de 10 000 perles. Mais c'est sans doute la traîne de 8 mètres de long qui impressionne les foules alors que la princesse avance lentement dans la cathédrale Saint-Paul. Les couturiers se seraient inspirés de tableaux de Sandro Botticelli et Auguste Renoir. L'idée était, selon eux, de créer une tenue assez dramatique pour marquer les esprits mais qui ressemble à la personnalité de Diana, toute en douceur. Mariage du siècle oblige, une parfaite copie de la robe avait été prévue en cas d'incident. Elle a été vendue aux enchères pour plus de 50 000 €. Quant à la véritable robe que toutes les mariées de l'époque ont voulu copier, une note stipulait qu'elle devait revenir à William et Harry dès lors qu'ils auraient tous les deux 30 ans.

> « Le monde de la mode se prend tellement au sérieux. Diana était bien au-dessus de ça. »
>
> Catherine Walker, une des créatrices fétiches de la princesse de Galles

Classic with a twist

Le style Diana est assez simple. Pourtant la princesse y mettait de la personnalité. Ce *classic with a twist* comme le décrivaient les observateurs mondains, c'est donc un savant mélange de tenues classiques mais revisitées selon les tendances de l'époque. Et en ce qui concerne les tendances eighties, Diana ne fait aucune impasse. Tailleur à épaulettes, pois et rayures portés jusque sur les chaussettes, portées elles-mêmes dans les escarpins, col pierrot, lavallière, pied-de-poule et pied-de-coq, mélange de rouge et noir… La princesse est une fashionista et adopte toutes les modes des années 1980 pour le meilleur et parfois pour le pire. Dans les années 1990, Diana fait sa révolution stylistique. Chanel, Dior, Versace, Saint Laurent et Lacroix deviennent ses créateurs fétiches et sa garde-robe se modernise. Les robes sont courtes, à bretelles et moulantes. Les épaules se découvrent, les jambes se libèrent. Après son divorce, débarrassée de la stricte étiquette royale, Diana se fait sexy et la presse adore.

En 1985, Diana est encore la princesse un peu timide qu'elle était à ses débuts mais son style est, lui, déjà bien affirmé : rayures, nœuds, épaules bouffantes, collier de perles, boucles d'oreilles, chapeau… Attention les yeux !

MADONNA
LE CORSET CONIQUE

Ce qui est joli dans la relation qui lie le créateur Jean Paul Gaultier et la reine de la pop Madonna, c'est qu'il s'agit d'une véritable histoire d'admiration mutuelle. Lui, fan dès le départ de cette artiste inclassable qui bouscule les années 1980. Elle, amoureuse de ce style libre et provocateur que prône Jean Paul Gaultier. En bref, ces deux-là étaient faits pour se rencontrer.

Un corset (i)conique

Jean Paul Gaultier tombe sous le charme de Madonna dès 1983. Elle chante alors *Holiday* dans l'émission « Top of the Pops » et sème déjà un vent de fraîcheur sur les eighties. Coïncidence ou pas, l'année d'après, le créateur fait du corset conique la pièce maîtresse de sa collection Barbès. Inspiré par les poitrines pointues des années 1950 et la collection africaine d'Yves Saint Laurent, Jean Paul Gaultier crée un corset libérateur et provocateur qui, au lieu d'entraver le corps féminin, lui offre une possibilité d'exprimer sensualité et sexualité. Il n'en fallait pas plus pour que la Madone en fasse son indispensable accessoire de scène. En 1990, elle demande au créateur français de réaliser les tenues de son *Blond Ambition Tour*, sa troisième tournée mondiale et à ce jour la plus mémorable. C'est l'époque de toutes les provocations pour une Madonna au sommet de sa popularité. Le corset conique est alors immédiatement envisagé pour l'habiller. Elle le portera en rose saumon et en noir. Jean Paul Gaultier invente également ce système de bandes qui crée une sorte de cage autour du buste de la chanteuse. Entre S.M. chic et sous-vêtements vintage. Dès l'ouverture du show, Madonna apparaît dans un costume d'homme fendu au niveau des seins et qui laisse entrevoir le corset. Le titre qu'elle interprète n'a alors jamais aussi bien porté son nom : *Express Yourself*.

POINTUES !
Créateur officiel des tenues de scène de la tournée mondiale de Madonna en 1990, Jean Paul Gaultier est celui qui fit de Madonna l'icône aux seins coniques.

DESSUS-DESSOUS
Ses corsets extrêmement travaillés sont de vraies œuvres et doivent être vus. La *material girl* les porte donc toujours par-dessus son pantalon (quand elle en porte un, bien sûr...).

C'est le sacrement de la reine de la provoc lors de son Blond Ambition Tour ! Elle fait sensation avec ses célèbres corsets signés Jean Paul Gaultier. *La* touche indispensable à son look sexy et toujours décalé.

MADONNA
EN 3 TENUES

Sur la scene
des MTV Video Music Awards, Madonna interprète *Like a Virgin* dans une tenue ressemblant à une robe de mariée avec une ceinture stipulant « Jouet pour garçon ».

Dans le clip
de *Like a Prayer*, habillée d'une robe très suggestive, un crucifix autour du cou, Madonna embrasse un Christ noir. L'Amérique puritaine retient son souffle.

A la ceremonie
des Grammy Awards, Madonna porte un mini-costume de matador signé Givenchy. Le détail choc ? Lorsque la chanteuse soulève sa jupe et dévoile… ses fesses.

Une fille *made in eighties*

La décennie Madonna est sans conteste celle des années 1980. La star explose avec son tube *Like a Virgin* et impose un style qui, tout en reprenant les codes de cette période, induit un twist très personnel. Jupe en tulle, t-shirt court, jean taille haute, leggings, imprimés originaux et couleurs fluo font donc partie du dressing de la Madone. Évidemment, l'accessoirisation est du même ordre. Boucles d'oreilles géantes, nœud ou bandeau dans les cheveux et kitten heels sont aussi de la partie. Mais la touche Madonna, c'est bien cette fameuse dose d'érotisme qui émeut les foules d'alors. Dentelle, bustier sexy comme dans le clip de *Papa Don't Preach*, robe ultra-moulante et déjà cette attirance pour le féminin/masculin font le sel du look eighties de Madonna. Sa dégaine phare ? Son look dans *Recherche Susan désespérément* qui fait la synthèse de toutes ses inspirations. Du sexy, une once de bling et une grande superposition de pièces typiques des années 1980. L'allure est jeune, libre et désinvolte. Et Madonna se fait déjà reine de la mode.

La reine de la provoc

Madonna est un esprit rebelle. Elle n'a pas froid aux yeux et construit son image de fille libre grâce à des tenues toujours plus scandaleuses. Sa première provoc : les sous-vêtements apparents qui rapidement créent l'émoi. Soutien-gorge, body, corset, porte-jarretelles, Madonna montre tout et s'inspire des danseuses de cabaret. Et c'est avec la plus grande malice qu'elle n'hésite pas non plus à enlever ses sous-vêtements et à les jeter dans la foule durant ses concerts, comme cette petite culotte qu'elle fit voler dans les airs en 1987 lors de son *Who's That Girl Tour*, provoquant l'hystérie des spectateurs. Mais la provocation ne s'arrête pas à la nudité. Madonna aime jouer sur les détails. Elle interprète notamment au MTV Music Awards de 1984 *Like a Virgin* avec une ceinture sur laquelle on peut lire l'inscription *« Boy toy »*. Le message n'est alors pas du goût de tout le monde. Mais la Madone s'en fiche, persiste et signe. Dans les années 1990, les clips d'*Erotica*, *Justify my Love* et *Human Nature* font sensiblement monter la température. Cravache, masque noir, harnais, latex, cuir, lingerie ultra-sexy et attitudes suggérant une sexualité libérée, voire le sadomasochisme font polémique. Une fois de plus sans arrêter l'artiste ; bien au contraire. La provocation revêt une autre forme lorsqu'il s'agit de religion. Madonna, de culture catholique, porte crucifix et chapelets à l'envi en les utilisant comme de véritables accessoires de mode. Elle les accumule autour du cou ou se contente d'une seule croix géante qui habille tout son corsage. Forcément, quand ces signes religieux sont associés à des tenues très sexy, cela en scandalise plus d'un.

« Quand on le détourne de sa fonction initiale, le corset devient un symbole de pouvoir et de libération sexuelle. »

Madonna

Dans les années 1980, Madonna joue dans *Recherche Susan désespérément*. Elle y expose ses looks déjà mythiques : croix, chouchou, vêtements oversize sur pièces en dentelle… Au début de sa carrière, la star mélange un style grunge à un look très chaste.

Un style, des styles

Si Madonna a un style bien identifiable, son truc mode, c'est aussi de brouiller les pistes en changeant d'inspiration à chaque album, voire à chaque chanson. Très eighties au début de sa carrière, le look de la chanteuse caméléon va connaître des modifications répétées au fil du temps. On se souvient notamment du clip de *Frozen* qui marque un virage prononcé. Madonna y apparaît toute de noir vêtue, les cheveux longs et lâchés noir de jais, un look gothique surprenant pour cette artiste habituée des tenues colorées. Même look sombre et minimaliste dans le clip de *The Power of Goodbye* mais toujours cette intensité dans le regard qui nous rappelle l'esprit rebelle de la Madone. Le clip de *Nothing Really Matters* signe, quant à lui, le passage de l'artiste vers des looks plus orientaux. Kimono et cheveux baguette, Madonna adopte un nouveau style qu'elle arbore également sur les tapis rouges de l'époque. Changement de cap en 2000 avec l'album *Music*, qui marque l'apparition d'un look western bling. Chapeau de cow-boy, patte d'eph et santiags sont de mise. Cinq ans plus tard, c'est un hommage aux années 1970 que veut rendre Madonna avec son titre *Hung Up*. Les tenues s'adaptent. Justaucorps rose fluo, mini-blouson de cuir et brushing à la Farrah Fawcett habillent désormais la chanteuse. Ces bouleversements stylistiques, l'artiste les assume et c'est ce qui plaît au géant du prêt-à-porter H&M, avec lequel la chanteuse crée une collection capsule en 2007. Une ligne en édition limitée qui reprend les différentes pièces culte de la star. Robe kimono, jupe crayon étroite, robe sexy et ceinture en cuir façon corset font partie de la collection « M by Madonna ».

Un visage changeant

La mise en beauté de Madonna fait partie intégrante de son image. La chanteuse change de maquillage et de coiffure en les adaptant à ses différentes tenues, ce qui fait de ses looks de véritables costumes. Dans les années 1980, Madonna s'inspire manifestement des icônes hollywoodiennes et notamment de Marilyn Monroe : cheveux courts d'un blond peroxydé, bouche rouge et surtout mouche au-dessus de la lèvre, le mimétisme est frappant. Madonna va même jusqu'à reproduire les scènes du film *Les hommes préfèrent les blondes* dans le clip de *Material Girl*. Bien entendu, avec le temps, les coupes changent, le make-up aussi. Le blond reste néanmoins la couleur de prédilection de la chanteuse, sauf quand elle passe au noir corbeau car, évidemment, pas de demi-mesure chez Madonna.

MADONNA EN 3 PIÈCES CULTE

Le corset

Créé pour elle par Jean Paul Gaultier, ce corset aux seins coniques est l'un des éléments qui fait la popularité de Madonna, son audace aussi et son sex-appeal.

Le costume d'homme

Madonna est fan du style androgyne et n'hésite pas à porter le costume masculin. Évidemment, elle introduit toujours un twist sexy, comme dans le clip mythique de *Vogue*.

Les bijoux

Madonna est adepte du bijou religieux. Elle porte très souvent une croix autour du cou et accumule parfois les colliers comme des chapelets.

« Ce n'est pas parce que j'enlève mes vêtements en public que je révèle une once de mon âme. »

Madonna

UNE MARIÉE PAS COMME LES AUTRES

Sur la pochette de *Like a Virgin*, Madonna porte une robe de mariée ajourée qui est devenue le symbole de son look des années 1980.

Sur ce cliché pour le film *In Bed with Madonna*, on confondrait presque la reine de la pop avec la sulfureuse Marilyn. Aussi versatile en musique qu'en matière de look, la Madone s'assume et ne se cache pas !

LE GRAND OUEST

Les boucles blondes de la chanteuse cascadent sous son chapeau de cow-boy, sur la pochette de son titre *Music* (2000), qui joue avec les codes du western.

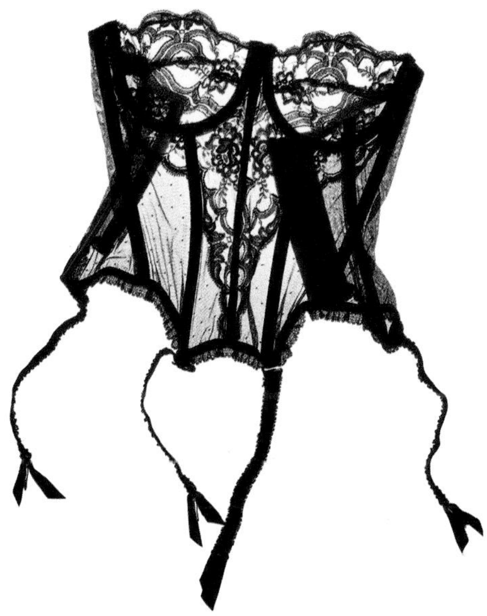

LA LINGERIE

Toujours là où on ne l'attend pas, la chanteuse a exploré toutes les contrées de la mode ; et peut tout se permettre. Comme le fait d'exposer la lingerie à la vue, affichant une sensualité immodérée.

LES CROIX

Montées sur des colliers ou sur des boucles d'oreilles, les croix sont dans tous ses looks des années 1980.

CHER
LE PANTALON À PATTES D'ÉLÉPHANT

Avant de devenir une disco queen à paillettes, la chanteuse Cher est d'abord une fille marquée par le style hippie de la décennie précédente. Dans les années 1970, elle anime avec son époux Sonny l'émission « The Sonny and Cher Comedy Hour », l'occasion de faire la preuve d'un sens du style à toute épreuve. Imprimés fleuris, couleurs flashy, gilets sans manches en fourrure ou en peau, franges, gros ceinturons et évidemment pantalons à pattes d'éléphant font partie de la panoplie parfois improbable de ce couple qui n'hésite pas à assortir ses tenues.

Un pantalon culte

La pièce que popularise le duo ? Le patte d'eph. Certes, on le voit déjà depuis quelques années sur les jeunes hippies des sixties, mais c'est bien dans les années 1970 que ce pantalon serré à la taille et aux hanches et élargi à partir des genoux connaît son heure de gloire. Si Cher est celle qui le porte le plus fréquemment, le couple fait tout de même la preuve du caractère unisexe de ce look. Et rien n'arrête la chanteuse quand il s'agit du patte d'eph. Elle le porte de toutes les façons. En denim ou en toile. Imprimé ou uni. Court sur les chevilles ou très long. Avec des talons ou à plat. Cher est grande, cette coupe lui va comme un gant. La taille haute souligne ses hanches et les jambes évasées allongent sa silhouette. Bref, le patte d'eph devient son indispensable, comme pour toute une génération de jeunes modeux.

LA COUPE
Si son origine n'est pas attestée, le patte d'eph était déjà utilisé au XIXe siècle par les soldats de l'US Navy ; afin, dit-on, de pouvoir le retirer sans ôter ses chaussures, s'il était trop mouillé.

HISTOIRE
Le pantalon large ou souple avait déjà été introduit au début du XXe siècle, notamment par Coco Chanel ; mais les années 1960-1970 marquent l'apogée de ce vêtement très typé.

Dans les seventies, Sonny and Cher forment presque le couple le plus assorti des États-Unis. Hippie jusqu'aux pattes d'éléphant, Cher se prend particulièrement d'affection pour ce pantalon cintré au niveau des cuisses et qui s'évase ensuite.

LADY GAGA
LA ROBE EN VIANDE

Elle est la star de toutes les audaces, de toutes les excentricités, de toutes les folies. Mais c'est en 2010, sur le tapis rouge des MTV Video Music Awards, que Lady Gaga a véritablement fait sensation… et polémique. L'objet de la discorde ? Sa robe, entièrement faite de viande rouge fraîche. Des chaussures au bibi, la chanteuse était complètement recouverte de chair animale. Petit malaise.

23 kilogrammes de viande rouge

Franc Fernandez, à l'origine de cette robe unique en son genre, a expliqué que cette création était en réalité une commande de la styliste personnelle de Lady Gaga qui devait rendre hommage à une couverture de *Vogue Hommes Japan* sur laquelle la chanteuse apparaissait déjà habillée de viande. Le créateur ajoute qu'il a dû acheter 23 kilogrammes de viande chez son boucher pour donner naissance à une robe d'environ 15 kilogrammes. La robe a été cousue puis réfrigérée pour que la viande ne sèche pas. Mais il a fallu apporter les dernières finitions sur Lady Gaga elle-même quelques heures avant la cérémonie. Très vite, les esprits s'échauffent, les défenseurs de la cause animale s'émeuvent, et les autres se figent dans une sorte de stupéfaction générale, entre dégoût et émerveillement. La star a par la suite expliqué qu'elle entendait défendre les droits des homosexuels en symbolisant le fait que, sans droits, l'humain n'est plus qu'un morceau de viande. Quoi qu'il en soit, cette tenue reste le plus gros fait d'armes stylistique de la chanteuse. Et a ensuite subi un traitement chimique afin d'être exposée dans un musée de Washington auprès d'autres vêtements ayant appartenu à des artistes féminines. Entre pièce de boucher et pièce de musée, il n'y a parfois qu'un pas.

BELLE PIÈCE
La tenue de Lady Gaga est passée à la postérité et devenue une pièce de musée.

Quinze kilogrammes de viande rouge crue constituent cette robe un peu particulière. Une fois la robe cousue, elle a été immédiatement réfrigérée afin de ne pas sécher. Des ajustements de dernière minute ont tout de même été nécessaires.

DITA VON TEESE

LA LINGERIE VINTAGE

Elle a la passion de la lingerie depuis sa première couche-culotte. Chevillée au cœur et au corps. La danseuse et performeuse burlesque a commencé sa carrière en guêpière. Et la continue ! Semant derrière elle des indices. Ceux de la pin-up rétro qui enchante le monde de la mode. Dita Von Teese est un personnage. Unique. C'est en croisant son premier corset à l'âge de 17 ans, et l'actrice Bettie Page, l'icône glamour des années 1940 sur les écrans, que la gamine d'alors s'enflamme. Elle va s'aimer et se faire aimer en guêpière, en corset, en bas à couture et autres talons aiguilles.

Le fétichisme glamour

De son passé, certes esthétique mais pornographique, elle ne fera jamais totalement table rase. Repérée dans un bar à danseuses, elle monte sur scène dans son fameux corset et ses bas à couture, le tout emballé dans une robe à crinoline. L'effeuilleuse fait son premier strip-tease et sort immédiatement du lot. Maquilleuse et couturière à ses heures, Dita adore les vêtements, elle qui se balade régulièrement sans. Sans dessus mais en dessous. Elle a tout compris. En hissant le fétichisme au rang du glamour, la petite danseuse de cabaret marque des points. Son look vintage et sensuel attire. Et non les moindres. Jean Paul Gaultier et Vivienne Westwood sont les premiers à la remarquer. Quelques shows et couvertures de magazines de charme plus tard, elle lance avec le créateur Christian Louboutin une ligne de lingerie rétro et hyper sexy. En soie italienne ou en dentelle noire, avec Dita, la guêpière et le porte-jarretelles font un retour en force.

LE CORSELET
Pièce à l'origine portée par-dessus un chemisier ou un corsage, ce corselet en satin est bien un dessous, et dessine une silhouette ultra-féminine.

UN MARCHÉ FLORISSANT
Dita Von Teese a fait de son look un label et a créé sa propre marque de lingerie, déclinant à l'envi bustiers, porte-jarretelles et autres soutien-gorges aux lignes très sculptées.

Dita Von Teese est à la fois créatrice et mannequin, et pose elle-même pour les campagnes de lancement de ses produits.

Le mannequin américain Dita Von Teese a le soin du détail lors de ses apparitions en public. Des gants en résille au bibi, avec le teint clair et les lèvres carmin, elle ne laisse rien au hasard.

Jamais en pantalon

Ses shows burlesques sont devenus des musts sur les scènes du monde entier. La gamine qui rêvait devant les films des années 1940, au point de choisir l'option « costumes historiques » à l'université pour en faire un métier, s'affiche désormais en pièces vintage de cette époque. Si son mariage avec le chanteur Marilyn Manson révèle au grand public l'icône des scènes fétichistes, divorcée depuis, Dita continue sur sa brillante lancée. Les créateurs se la disputent pour leurs défilés, les people pour leurs galas.

L'âge d'or d'Hollywood

C'est un véritable culte que la pin-up vintage voue aux pièces rétro de l'âge d'or d'Hollywood. Elle en a fait un style. Son style. Jamais en pantalon, toujours tirée à quatre épingles, la star porte des jupes crayons, des robes épaulées, toujours accompagnées de capes, bibis et autres gants ou pochettes. Pour la version jour. Pour celle de la nuit, elle reste fidèle à sa lingerie qu'elle revisite sans cesse. Avec cette strip-teaseuse de charme, on est toujours à l'abri d'une faute de goût. Raffinée et élégante, Dita a imposé son look, sans être forcément à la mode, pour ne jamais être démodée ! Mission accomplie... Sa silhouette est passée à la postérité.

DITA VON TEESE EN 3 COUPES

Champagne

L'effeuilleuse commence sa carrière dans une coupe de champagne de Dom Pérignon.

Martini

Elle récidive, dans une coupe de Martini.

Cointreau

Après une performance dans une coupe de cocktail surdimensionnée, Cointreau devient le partenaire de la strip-teaseuse.

OS PIQUETITOS!

FRIDA KAHLO
LES FLEURS DU MAL

HAUT EN COULEUR
Les fleurs qui ornent ses cheveux, toujours naturelles, sont rouges, roses ou jaunes, et contrastent avec sa chevelure nattée noire ; ces couronnes devinrent caractéristiques de la silhouette de Frida.

Enfant, elle rêvait déjà de liberté, de s'affranchir du carcan réservé aux femmes de son pays, ce Mexique où Frida Kahlo est née derrière les volets d'une maison bleue, devenue aujourd'hui un musée qui porte son nom. Elle restera prisonnière d'un corps qui la fera souffrir toute sa vie. Réussissant le tour de force de devenir une peintre mondialement connue, une femme indépendante et moderne. Qui le disait avec des fleurs ! Frida les piquait dans ses cheveux ou les cultivait sur ses jupons, qui reviennent perpétuellement nous hanter, aujourd'hui. En hurlant, avec toute l'énergie du désespoir et des couleurs joyeuses, son mal à la face du monde, elle symbolisait la face solaire et celle plus sombre du pays qu'elle aimait tant. Près de soixante ans après sa mort, Frida Kahlo impose encore son style. Un style avant-gardiste et unique où elle exorcisait sa souffrance. De ce dressing très personnel où elle reflétait les codes traditionnels mexicains tout en les transgressant, il restera éternellement une trace. Londres l'a exposé, l'été dernier, à travers une série de clichés révélateurs du réalisme de l'artiste. Les créateurs l'invitent régulièrement sur les podiums.

Des accessoires extravagants

En mettant en scène son look à la ville comme dans ses toiles, Frida Kahlo utilise le costume traditionnel mexicain comme un étendard. Celui du pouvoir de la femme, elle qui sera trompée par Diego Rivera, ce mari qu'elle aime passionnément. Elle donnera une réplique cinglante à l'homme infidèle en rejoignant le lit de ses amants, qu'elle conjugue au masculin comme au féminin. Allant même jusque dans celui de Léon Trotski, en souvenir, sans doute, de son passé communiste. La tenue Tehuana qu'elle porte le jour de son mariage contribue à installer le mythe. Son mélange de couleurs et ses accessoires extravagants, sa liberté d'incarner la culture indigène tout en véhiculant l'image d'une femme moderne, dans un Mexique qui ne l'est pas encore. Et dans un monde qui n'a jamais su se passer d'elle.

On retrouve dans les tenues de Frida Kahlo les pièces maîtresses des costumes traditionnels mexicains.

Les deux peintres Diego Rivera et Frida Kahlo, ici à Mexico, se marièrent en 1929.

L'insoumise

Avec ses longues jupes multicolores, ses foulards chatoyants, ses fleurs dans les cheveux, Frida Kahlo est à contre-courant des modes, loin des tailleurs conventionnels des années 1930. En se glissant dans des tenues flamboyantes, elle nous raconte une histoire. La sienne et celle de son peuple dont elle incarne l'identité jusqu'au bout de ses breloques, qui tintinnabulent au rythme de sa démarche boiteuse. Derrière ses jupons, elle cache un corps meurtri, affiche une farouche indépendance qui en fera la tête de pont des féministes mexicaines.

Autoportrait dédié à Léon Trotski, 1937.

Les raisons de la colère

Après une poliomyélite à 6 ans, un terrible accident de bus, à l'âge de 18 ans, lui transperce l'abdomen, lui brise le bassin, les côtes et la colonne vertébrale. Frida Kahlo est en morceaux. Des morceaux qu'elle recolle sur ses toiles, au sens propre comme au sens figuré. C'est à ce moment-là, pendant les longs mois de sa convalescence, que la Mexicaine commence à peindre. S'inspirant de son propre reflet, que lui renvoie le miroir posé au-dessus de son lit. Les raisons de sa colère, elle les exprime dans de nombreux autoportraits qui traduisent sa souffrance. Et sa vitalité. La jeune femme est une battante. Cela n'a pas échappé à Diego Rivera. Le peintre est déjà célèbre. Il remarque son talent et la sensualité qu'elle dégage sous ses costumes très traditionnels. Diego épousera Frida, deux fois ! Pour le meilleur et souvent pour le pire...
La vie n'a pas été un long fleuve tranquille chez les Rivera. De ces bosses physiques et morales, Frida a fait une œuvre.

FRIDA EN 3 AUTO-PORTRAITS

1937

Elle persiste et signe dans une robe traditionnelle mexicaine son *Autoportrait dédié à Léon Trotski*.

1940

Dans son *Autoportrait au collier d'épines*, Frida Kahlo prend la pose avec des cheveux parsemés de fleurs.

1943

C'est son amour inconditionnel pour Diego Rivera qu'elle affiche dans son autoportrait en tenue de mariée tehuana.

> « Je ne suis pas malade. Je suis brisée. Mais je me sens heureuse de continuer à vivre, tant qu'il me sera possible de peindre. »
>
> Frida Kahlo

Les coiffures

INDISPENSABLES ACCESSOIRES

> « UNE FEMME
> QUI SE COUPE
> LES CHEVEUX EST
> UNE FEMME
> QUI S'APPRÊTE À
> CHANGER DE VIE. »
>
> Coco Chanel

DE L'OR DANS LES CHEVEUX
Qu'elle soit sophistiquée, comme le carré et la frange de Louise Brooks, ou plus naturelle, la coiffure est un art. Les accessoires pour cheveux deviennent alors de véritables bijoux.

LE CAS DE LA FRANGE

La frange est un indémodable de la coiffure féminine. Elle est tantôt très courte comme celle d'Audrey Hepburn dans *Diamants sur canapé*, qui inspirera celle d'Audrey Tautou dans *Le Fabuleux Destin d'Amélie Poulain*, tantôt très longue comme celle des yé-yé dont Jane Birkin ou Françoise Hardy sont les très jolies ambassadrices. Cheveux longs, bien raides, et frange dans les yeux : aussi sexy que naïf.

LOUISE BROOKS
COCO CHANEL
KATE MOSS
FARRAH FAWCETT
AMY WINEHOUSE

Un look n'est pas complètement achevé sans la coiffure qui l'accompagne. Les cheveux des femmes ont toujours fait partie de leur panoplie mode. Depuis le carré de Louise Brooks jusqu'au brushing wavy de Blake Lively.

Des coupes révolutionnaires

Dans les années 1930, Louise Brooks et Coco Chanel introduisent la coupe courte. En carré pour la première, à la garçonne pour la seconde. C'est une petite révolution et une vraie prise de position dans un monde où les femmes portent majoritairement les cheveux longs, signe suprême de la féminité d'alors. Avec la libération féministe des années 1960 et 1970, les cheveux courts se font plus banals. On pense à la coupe pixie de Twiggy, Jean Seberg ou Mia Farrow, qu'adopteront plus tard Kate Moss, Michelle Williams ou Vanessa Paradis.

Des coupes générationnelles

Si toutes les coiffures ne sont pas aussi marquées politiquement, certaines font la preuve d'un véritable ancrage au sein d'une période donnée. C'est le cas, par exemple, du fameux brushing de Farrah Fawcett, que vont adorer toutes les filles des seventies, ou de la coupe de Rachel dans *Friends*, que copient allégrement les jeunes filles des nineties. Même chose avec les boucles wavy de Blake Lively qu'adoptent les fans de *Gossip Girl* dans les années 2000. Des coupes simples et faciles à reproduire par le coiffeur du coin et qui agissent comme un véritable accessoire de mode.

L'inévitable chignon

Le chignon reste la coiffure la plus courante. Et il se décline à l'envi. En choucroute crêpée sur Brigitte Bardot ou Catherine Deneuve, façon sixties, ou rock vintage à la Amy Winehouse. On le retrouve, bien plus strict, sur Grace Kelly ou Sharon Stone. En 2015, c'est le chignon bun qui a la cote. Il se porte haut sur le crâne, façon petit rat de l'Opéra.

DAVID BOWIE

LE COSTUME D'AVANT-GARDE

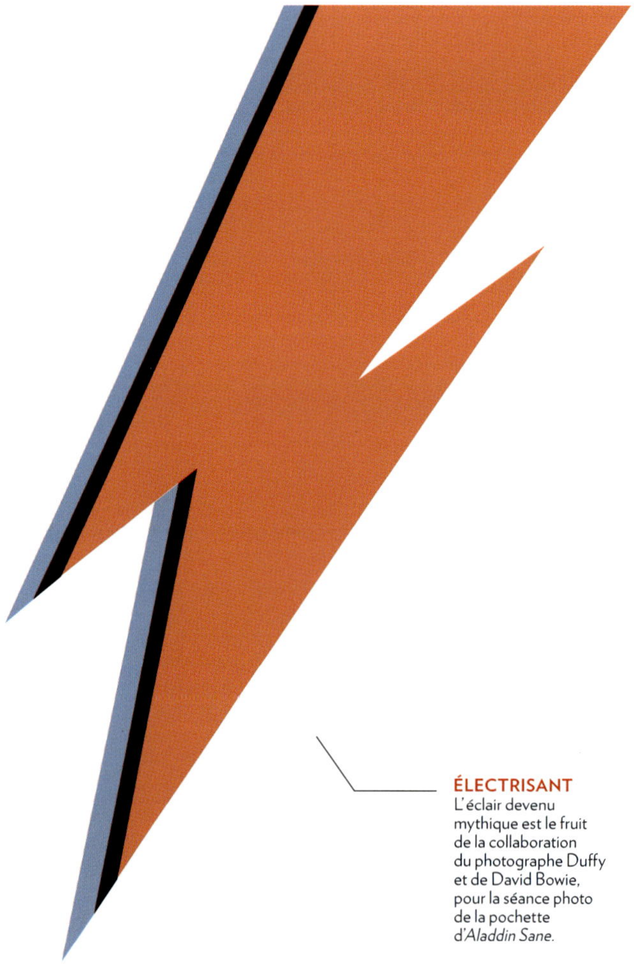

ÉLECTRISANT
L'éclair devenu mythique est le fruit de la collaboration du photographe Duffy et de David Bowie, pour la séance photo de la pochette d'*Aladdin Sane*.

Il est le maître de la transgression. Source d'inspiration constante pour les créateurs de la planète, David Bowie impose son look avant d'imposer sa musique. Un look futuriste qui, avec le personnage de Ziggy Stardust, en costume extravagant et coupe Longueuil rouge, démarre la période glam rock de la star britannique. En quelques traits de maquillage volé au théâtre japonais, David Bowie amorce une carrière triomphale. Avec Ziggy Stardust, son alter ego, il suscite l'engouement de ceux qui vont devenir des inconditionnels de ses albums mais surtout de son style. Un style glam rock, dans la très conservatrice Grande-Bretagne où il est né, en laissant tomber le blazer impeccable pour endosser des costumes futuristes qui vont devenir sa marque de fabrique.

Ancré dans les gènes

Si Bowie cultive son image à multiples facettes pendant toute sa carrière, Ziggy va marquer son temps. Et ses débuts. Le personnage, qui, avec une intelligence venue d'ailleurs, cherche à faire passer à une humanité n'ayant plus que quelques années devant elle un message d'amour et de paix, est haut en couleur. Les cheveux longs dans la nuque sont rouges, le maquillage est dérivé du théâtre japonais, le *kabuki*. Les pantalons psychédéliques, qui expriment le goût de Bowie pour la planète et son futur proche, font le tour du monde. Inspiré du film de Stanley Kubrick *Orange mécanique*, ce costume est ancré dans les gènes de Bowie. Cent quarante millions d'albums plus tard, l'immense artiste est toujours là. Planant sur les défilés avant son incessant ballet d'allers-retours vers le futur.

Cheveux roux et coupe déstructurée, costumes aux formes d'un genre nouveau : David Bowie impose son style inclassable, et démontre son exigence scénaristique.

DAVID BOWIE

Hors normes

Jamais David Bowie ne cessera d'intriguer. Le chanteur, qui est né en 1947 dans un quartier pauvre de Londres, conjuguera toute sa vie le présent au futur. Un mutant qui se réinvente sans cesse. Quand il décide de se lancer dans la musique, David Robert Jones est en costume-cravate, affichant le look d'un étudiant british fidèle aux valeurs de la vieille Angleterre. Pas pour longtemps.

Un extraterrestre

En balançant rapidement sa panoplie trop sage, Bowie cherche son style. Et le trouve. Vêtu d'étranges costumes inspirés de la conquête de l'espace, Bowie crée des personnages qui vont repousser les frontières de la mode masculine. Après s'être aimé en Ziggy, chaussures plateformes aux pieds – des copies de modèles Yamamoto –, cheveux rouges, un éclair dessiné sur le visage, il va s'aimer en femme, jouant sans cesse sur son ambiguïté vestimentaire et sexuelle. Vernis à ongles, robes, pantalons très serrés… rien ne l'arrête. Figure emblématique de l'androgynie, Bowie brouille les pistes. Sauf celles qui mènent au triomphe. Avec ses hauts, très hauts et ses bas, très bas. En guise de pied de nez, il aura laissé sa trace dans les mentalités de l'époque, incitant ses adeptes à vivre comme ils l'entendaient.

Rock star

Avec ses vestons croisés à épaulettes démesurées et ses larges pantalons associés à une musique qui veut changer le monde, Bowie a gagné son paradis. Du moins le croit-on. Il va côtoyer l'enfer. Celui de la cocaïne dans lequel il s'enfonce. La rock star devient celle d'un rock décadent, qui manipule l'outrance et toujours le fantasme. À coups de nouveaux personnages apocalyptiques comme Halloween Jack.

La rédemption

Rongé par l'atmosphère malsaine de Los Angeles, il va finir par la fuir. Mais son image a pris du plomb dans l'aile. L'artiste a perdu son aura, sombrant dans un délire que le public ne suit plus ; Ziggy peut tirer sa révérence. C'est à Berlin que Bowie trouve un refuge. Et la rédemption. En laissant derrière lui ses fans américains, il va faire un retour gagnant sur la scène de l'avant-garde européenne. Se glissant dans le Top 100 des « meilleurs artistes de tous les temps » et des « meilleurs chanteurs de tous les temps ». Cinéma, télévision, il est de toutes les fêtes. *Let's Dance* va atteindre les 14 millions d'exemplaires et le placer dans le tiercé des têtes de pont musicales des années 1980, aux côtés de Madonna et de Michael Jackson. Une chose est sûre, tout est pardonné et la face sombre de Bowie, oubliée. Pas son style ! Il continue à inspirer. Dries Van Noten en a fait le thème de sa collection 2011, et Jean Paul Gaultier lui a encore rendu hommage en 2013. Indémodable et indélébile…

3 ALBUMS, 3 LOOKS

Sage

Sur la pochette de son premier album, Bowie a la coupe sage d'un adolescent très british.

Extravagant

Avec *Aladdin Sane*, en 1973, le maquillage est devenu électrique et les cheveux prennent une teinte rouge.

Chic

Pour la sortie de *Nothing Has Changed*, en 2014, l'homme a laissé tomber ses costumes futuristes pour un look et une coupe plus apaisés.

UN MASQUE À PART

Le photographe Albert Watson réalisa un portrait de Bowie portant ce masque orné d'un crucifix, qui contribua à alimenter l'image provoc du chanteur.

ZIGGY STARDUST

Sur la pochette de l'album phare de Bowie, la silhouette illustrée du chanteur laisse présager ses costumes avant-gardistes.

VEDETTE DU ROCK

Déjà sur scène depuis une quinzaine d'années, David relance sa carrière dans les années 1990 en devenant le chanteur charismatique du groupe Tin Machine.

COSTUME D'*ALADDIN SANE*

La combinaison à rayures, aux incroyables volumes, est l'œuvre du créateur japonais Kansai Yamamoto ; elle fut l'un des costumes de scène de David Bowie lors de sa tournée *Aladdin Sane*.

STROMAE
LE MAESTRO AU NŒUD PAP

DÉCLINAISON
En tissu à motifs, en velours ou bien d'un noir mondain, le nœud papillon équilibre le look du chanteur, assorti tantôt à sa veste, tantôt à sa ceinture.

LA SIGNATURE
Le nœud papillon est presque devenu son emblème ; Stromae l'a repris et détourné des garde-robes fifties, tout comme le cardigan, la cravate ou les chaussettes montantes.

Sa silhouette malingre aurait pu être un handicap. Il en a fait un atout. Le poids plume est devenu un poids lourd et Paul Van Haver, un maestro. Un mot qu'il a lui-même adopté, puisque Stromae est la version verlan de maestro. L'homme qui a vendu plus de 1 million d'albums a décidé de récidiver en lançant Mosaert, sa propre ligne de prêt-à-porter, conforme aux costumes colorés qu'il affectionne et à l'univers visuel très fort qu'il véhicule.

Un mariage improbable

L'esquisse d'un sourire, un sourcil relevé, les doigts vissés sur son nœud pap : Stromae a une nouvelle image. Derrière le nœud papillon, qu'il ressort des malles d'Humphrey Bogart, et le petit pull jacquard, de celles de son adolescence, il réussit le mariage improbable d'un classicisme raffiné et d'un style bariolé et flashy. Les canons de l'élégance se conjuguent en noir et blanc ; lui, il s'aime en couleurs, vintage et décalé. En associant ses cardigans à ses chemises à carreaux, un sweet jaune canari aux chemises fleuries, un bermuda à des chaussettes hautes… Il est vif, notre champion du slim, à l'aise dans ses mocassins taille 43 qu'il fait faire sur mesure ! Quand il régale, c'est à volonté. Losanges, carrés, sphères… On trouve de tout sur les chemises de Stromae, qui ne cesse finalement d'afficher sa mixité. Puisant dans le tourbillon coloré de ses origines africaines et dans celui plus classique de sa culture européenne. Dans les dressings féminins, des trouvailles qui iront aussi bien aux hommes. Sa mode est unisexe, cassant le moule figé de l'éternel masculin, tout en conservant les basiques qui permettent aux unes de sauter dans le pantalon des autres. Et *vice versa*. En quelques années, Stromae a franchi le mur du son. Et ce n'est pas fini. *Musica maestro !*

Stromae, en plus d'être un as de la scène, a créé son propre label, Mosaert, dans le design, la musique et la mode.

Phenomenal !

Quand il est entré dans la danse, on ne savait pas encore que sa petite musique intérieure allait résonner sur les scènes du monde entier. Paul Van Haver, alias Stromae, se serait presque excusé de nous déranger. Prétextant qu'il ne faisait que passer. Mais l'occasion était trop belle de prolonger cette valse à plein temps. Le gamin venu de nulle part est arrivé partout, propulsant sa musique au rang de phénomène. Il a toujours mélangé les genres. Piochant, dans ses origines rwandaises et belges, dans son histoire et dans son imagination, un tempo qui lui est propre. C'est un festival à lui seul. Une combinaison gagnante de hip-hop, de musique électronique et de chanson française, de style wax africain et de gentleman anglais.
Si, avec *Alors on danse,* l'auteur-compositeur enclenche la première, avec *Papaoutai, Formidable* et *Racine carrée,* il passe à la vitesse supérieure, celle de la postérité.

Un dandy transgressif

Comparé souvent à son compatriote Jacques Brel, pour sa gestuelle et son phrasé, le jeune Belge ne se contente pas de ces compliments flatteurs. Il poursuit sa trajectoire fulgurante, imposant sa griffe comme un sceau. Royal ! Là encore, en mélangeant les genres, ceux d'un dandy qui transgresse les codes du masculin-féminin, puisant dans le vestiaire de l'un pour enrichir celui de l'autre. Stromae, qui avait commencé par le rap, n'en n'a jamais adopté le dressing. Délaissant les joggings et les t-shirts pour une mode chic et colorée, à l'image de sa musique aux textes sombres et aux rythmes joyeux.

Derrière le style, les maths

Comme ses chansons, dont les textes invitent à les décortiquer, le look rétro de Stromae est habité par la géométrie. Couleurs et motifs suivent avec lui une symétrie calculée, et utilisent des éléments plus modernes, comme le cube 3D, qu'on retrouve sur les pochettes de deux de ses singles, *Papaoutai* et *Formidable* ; un clin d'œil aux mathématiques repris par le titre et la pochette de son album phare, *Racine Carrée*. La garde-robe du jeune prodige belge est, à l'image de ce qu'il produit, une science. Stromae jongle avec les codes, homme ou femme dans *Tous les mêmes*, ou figures politiques dans *Ta fête*, sans jamais flirter avec le mauvais goût.

STROMAE EN 3 CLIPS

2010

Le chanteur commence à faire un tabac en version preppy pour *Alors on danse*.

2013

Le slim est droit et sombre mais la chemise flashy dans *Formidable*.

2013

Il se lâche en bermuda fleuri, chemises à losanges et nœud papillon pour *Papaoutai*.

Pantalon slim et veste ajustée sont l'une des panoplies de scène du chanteur Stromae, récompensé de plusieurs trophées lors des Victoires de la musique 2014.

« LA MODE PASSE, LE STYLE RESTE. »

Yves Saint Laurent

Credits iconographiques

123RF : p. 165.

AFP : p. 46 bg : Radical Media/The Kobal Collection/AFP.

AKG : p. 43 hg : AKG-images/picture-alliance ; 128 : AKG-images/E. Mierendorff ; 138-139 : AKG-images/Album/Clarence Sinclair Bull ; 174 : 2015 Banco de México Diego Rivera Frida Kahlo Museums Trust, Mexico, D.F. / Adagp, Paris.

Corbis : p. 27 : CinemaPhoto/Corbis ; 86 : Nicolas Wagner/Corbis.

Colourbox : p. 20.

Fotolia : p. 26 ; 49.

Gamma-Rapho : p. 6-7 : Giancarlo Botti/Stills/Gamma-Rapho ; 13, 24 hd, 28, 63, 129, 137, 178 b : API/Gamma ; 15 : Baron/CameraPress/Gamma/Gamma-Rapho ; 21, 22-23, 69, 113 : Keystone-France ; 33, 100, 108, 152, 160, 163 bg : API/Gamma-Rapho ; 34-35, 43 bg, 176-177 : Ghislain Dussart/Gamma-Rapho ; 39 : Sorci/Camerapress/ Gamma-Rapho ; 41 : Reporters Associés/Gamma ; 44-45 : Jerry Watson/AMC/CameraPress/ Gamma/Gamma-Rapho ; 57 : Daniel Simon/Gamma ; 60 : Shahram Sanai/CameraPress/ Gamma ; 67 : Robert Doisneau/Rapho ; 70 : John Launois/Rapho ; 72-73 : Monique Jacot/Rapho ; 77 : Jimmy James/CameraPress/Gamma-Rapho ; 79, 80-81 : ED/CS/ CameraPress/Gamma-Rapho ; 82 : Tristan Fewings/CameraPress/Gamma/Gamma-Rapho ; 85 : Rob Greig/Time Out/CameraPress/Gamma-Rapho ; 89 : Ki Price/ CameraPress/Gamma-Rapho ; 91 hg : Victor Virgile/Gamma ; 91 bd : ED/CE/Christies Images Ltd 2013/CameraPress/Gamma-Rapho ; 94 bd : Ian Tilton/CameraPress/Gamma ; 101 : Christies Images Ltd/ED/OD/CameraPress/Gamma ; 105, 131 : Fondation Gilles Caron/Gamma-Rapho ; 111 : Quinio/Stills/Gamma/Gamma-Rapho ; 114 : Kerby/Gamma ; 123 : Eva Sereny/CameraPress/Gamma-Rapho ; 124-125 : Phil Fisk/BAFTA/CameraPress/Gamma ; 140 : ED/Christies/CameraPress/CW/CameraPress/Gamma/Gamma-Rapho ; 145 : Photo News/Gamma-Rapho ; 148 : ED/DW/CameraPress/Gamma ; 149 : Adebari/Stills/Gamma/Gamma-Rapho ; 150 : ED/CE/CameraPress/Gamma-Rapho ; 151 : Ed Sirrs/CameraPress/Gamma-Rapho ; 153 : James Veysey/CameraPress/Gamma-Rapho ; 156 : Pool De Keerle/SOLA/Gamma-Rapho ; 158 : Alain Benainous/Gamma ; 164 : Botti/Stills/Gamma-Rapho ; 167 : Gilbert Flores/Celebrity/Gamma/Gamma-Rapho ; 169 : ED/RM/CameraPress/Gamma-Rapho ; 170 : R. Stonehouse/CameraPress/Gamma/Gamma-Rapho ; 171 : Pascal Le Floch/Gamma ; 181 : Gamma ; 182 : ED/CE/Bonhams/CameraPress/Gamma-Rapho ; 183 hd : Ken Rake/CameraPress/Gamma ; 183 bg : Brian Aris/CameraPress/Gamma-Rapho ; 183 bd : Boaz Teitelbaum/CameraPress/Gamma-Rapho ; 184 : Leelou/Gamma-Rapho ; 187 : Stephane Allaman/Gamma-Rapho ; 188-189 : Gamma/Gamma-Rapho.

Getty Images : p.12 : 2004 Business Wire/Getty Images ; 31 : Popperfoto/Getty Images ; 36 hd : Mondadori Portfolio/Marisa Rastellini/Getty Images ; 48 : Richard Saker/Contour by Getty Images ; 52-53 : Frank Worth, Courtesy of of Emage International/Getty Images ; 54 bd : Iain McKelly/Photoshot/Getty Images ; 64-65 : Walter Daran/The Life Images Collection/Getty Images ; 74 : Jeff Vespa/Contour by Getty Images ; 88 : Julia Ewan/The Washington Post/Getty Images ; 92-93 : John Dominis/The Life Picture Collection/Getty Images ; 103 : John Dominis/The Life Picture Collection/Getty Images ; 118-119 : Pierluigi Praturlon/Reporters Associati & Archivi/Mondadori Portfolio ; 120 b : Popperfoto/Getty Images ; 135 : Mondadori Portfolio via Getty Images ; 143 : Time Life Pictures ; 155 : Tim Graham/Getty Images ; 159 : The Denver Post via Getty Images ; 172 : Hulton Archive/Getty Images ; 175 : Hulton Archive/Getty Images.

iStock : p. 36 bg ; 126.

Jean Moral/Brigitte Moral : p. 117.

Rue des Archives : p. 16-17, 58-59 : Rue des Archives/BCA ; 96 : Rue des Archives/Diltz ; 104, 107 bg : Rue des Archives/Collection CSFF ; 132 : Rue des Archives/Cine-Tamaris.

Shutterstock : p. 24 bg ; 30 ; 42 ; 43 hd ; 43 cd ; 43 bd ; 46 hd ; 54 hg ; 71 ; 75 ; 83 ; 84 ; 87 ; 91 hd ; 91 cd ; 91bg ; 94 bg ; 102 ; 107 hg ; 107 cd ; 107 bd ; 110 ; 120 h ; 122 ; 127 ; 134 ; 162 ; 163 hg ; 163 hd ; 163 cd ; 163 bd ; 166 ; 173 ; 178 h ; 183 hg : 360b / Shutterstock.com ; 185 ; 186.

DR : p. 78 ; 94 ; 109 ; 142.

Contributeurs : p. 18 : Chantelle ; 32 : Shan ; 38, 56 : Repetto ; 61 : Ray-Ban ; 62 : Schott Bros ; 66 bg : Armor-Lux ; 68 : Beat Wear Sixties ; 76 : Vivienne Westwood ; 94 : Spring Court ; 97 : Moscot ; 107 hd : Persol ; 130 : Fondation Pierre Bergé – Yves Saint Laurent, Paris ; 154 : Christian Dior ; 168 : Dita Von Teese.

Remerciements

Copyright Éditions tient tout particulièrement à remercier pour leur aimable participation Armor-Lux, Beat Wear Sixties, Chantelle, Christian Dior, Dita Von Teese, Moscot, Persol, Ray-Ban, Repetto, Shan, Schott-Bros, Spring Court, Vivienne Westwood, Fondation Pierre Bergé –Yves Saint Laurent.

Sandrine Lajus tient à remercier tendrement ses fils, Victor et Arthur.

Raphaëlle Orsini tient à remercier Gabrielle Stérin, Marina Marcout, Bérénice de Cessole, Laurène Saby, Carole Orsini, Gérard Orsini et Maxime Orsini.

Achevé d'imprimer en Espagne en septembre 2015
Dépôt légal : octobre 2015

Iconic

When celebrities embody fashion

They have all marked their generations, they all have an iconic object that we naturally associate with their names and that we adore adopting. Audrey Hepburn's little black dress, Bridget Bardot's Vichy gingham skirt, the striped sailor shirt worn by Picasso. The ageless watches that Don Draper changed with each season of Mad Men, the satin dresses made sublime by Grace Kelly, the hat created by Vivienne Westwood and worn at the Grammy's by Pharell Williams.
Iconic offers an history of objects rooted in our collective memory through portraits of iconic characters who did so much to magnify them.

THE AUTHORS

Sandrine Lajus

Sandrine Lajus worked as associate editor-in-chief for the famous Reuters agency, she was responsible for societal and political segments for TF1, France 2, France 3 with Paul Amar, Marc Olivier Fogiel and Valérie Bénaïm. Today, she works for the magazine *Elle* and teaches writing at EFAP.

Raphaëlle Orsini

A graduate in journalism, for three years Raphaëlle Orsini held the position of head of the fashion section for the internet site of the women's magazine *Grazia*. Specialist of contemporary fashion and its influence on current trends, she is now a fashion writer for Galeries Lafayette's online magazine.

SELLING POINTS

- **Two authors that are journalists for *Grazia* and *Elle***
- **Source of inspiration for fashion enthusiasts**
- **Subject in spirit of the times, celebrities of the moment who make fashion trends**

SPECIFICATIONS

Format 230 x 300 or 200 x 260 mm
Number of pages 192 pp
Approx. 32,000 words
Price 25/30 €
Release fall 2015
Rights available all except for France

CONTENTS

104 boulevard arago | 75014 paris | france | contact nicolas marçais | +33 1 44 16 92 03 | nmarcais@copyright.fr | **copyrighteditions.com**

Iconic

When celebrities embody fashion

They have all marked their generations, they all have an iconic object that we naturally associate with their names and that we adore adopting. Audrey Hepburn's little black dress, Bridget Bardot's Vichy gingham skirt, the striped sailor shirt worn by Picasso. The ageless watches that Don Draper changed with each season of Mad Men, the satin dresses made sublime by Grace Kelly, the hat created by Vivienne Westwood and worn at the Grammy's by Pharell Williams.
Iconic offers an history of objects rooted in our collective memory through portraits of iconic characters who did so much to magnify them.

THE AUTHORS

Sandrine Lajus

Sandrine Lajus worked as associate editor-in-chief for the famous Reuters agency, she was responsible for societal and political segments for TF1, France 2, France 3 with Paul Amar, Marc Olivier Fogiel and Valérie Bénaïm. Today, she works for the magazine *Elle* and teaches writing at EFAP.

Raphaëlle Orsini

A graduate in journalism, for three years Raphaëlle Orsini held the position of head of the fashion section for the internet site of the women's magazine *Grazia*. Specialist of contemporary fashion and its influence on current trends, she is now a fashion writer for Galeries Lafayette's online magazine.

SELLING POINTS

- **Two authors that are journalists for *Grazia* and *Elle***
- **Source of inspiration for fashion enthusiasts**
- **Subject in spirit of the times, celebrities of the moment who make fashion trends**

SPECIFICATIONS

Format 230 x 300 or 200 x 260 mm
Number of pages 192 pp
Approx. 32,000 words
Price 25/30 €
Release fall 2015
Rights available all except for France

CONTENTS

104 boulevard arago | 75014 paris | france | contact nicolas marçais | +33 1 44 16 92 03 | nmarcais@copyright.fr | **copyrighteditions.com**